Maternidade e Profissão

Oportunidades de Desenvolvimento

Dados Internacionais de Catalogação na Publicação (CIP)
(Câmara Brasileira do Livro, SP, Brasil)

Baptista, Sylvia Mello Silva

Maternidade e Profissão: Oportunidades de Desenvolvimento / Sylvia Mello Silva Baptista. — São Paulo : Casa do Psicólogo, 1995.

Bibliografia.

IBSN 85–85141–58–1

1. Mães como trabalhadoras 2. Maternidade – Aspectos psicológicos 3. Mulheres – Trabalho
I. Título

95–2258   CDD–55.6463

Índice para catálogo sistemático:

1. Maternidade e profissão : Aspectos psicológicos
   155.6463
2. Profissão e maternidade : Aspectos psicológicos
   155.6463

Editor: Anna Elisa de Villemor Amaral Güntert

Capa: Cristina Sion

Revisão: Ruth Kluska Rosa

Composição Gráfica: Rogério Gonçalves de Syllos
Page: 253-4545 / 287-0788 cod. 5430

Sylvia Mello Silva Baptista

Maternidade e Profissão

Oportunidades de Desenvolvimento

Casa do Psicólogo ®

© 1995 Casa do Psicólogo Livraria e Editora Ltda.

Reservados todos os direitos de publicação em língua portuguesa à Casa do Psicólogo Livraria e Editora Ltda.

Rua Alves Guimarães, 436 — CEP 05410-000 — São Paulo — SP
Fone: (011) 852-4633 — Fax: (011) 64-5392

É proibida a reprodução total ou parcial desta publicação, para qualquer finalidade, sem autorização por escrito dos editores.

Impresso no Brasil / *Printed in Brazil*

Í N D I C E

PREFÁCIO VII

INTRODUÇÃO 9

CAPÍTULO I: Ponto de vista 13

CAPÍTULO II: A situação da mulher
frente ao trabalho e à maternidade 19

CAPÍTULO III: A mulher nos dias atuais 29

CAPÍTULO IV: Da submissão ao homem 41

CAPÍTULO V: Algumas observações
sobre arquétipos e dinamismos psíquicos 45

CAPÍTULO VI: Maternidade e profissão:
oportunidades de desenvolvimento 51

CAPÍTULO VII: Gaia - a terra mãe 59

Maternidade e Profissão: Oportunidades de Desenvolvimento

CAPÍTULO VIII: O que as mulheres têm a dizer 65

Ana 69

Gabriela 75

Dora 83

Lia 91

Nina 99

CAPÍTULO IX: Ligando os pontos 103

CAPÍTULO X: E, afinal, o que é ser mulher? 113

CAPÍTULO XI: E, então, o que fazer? 121

BIBLIOGRAFIA 125

GLOSSÁRIO 131

ANEXO 137

PREFÁCIO

A aceitação do desafio de adaptar uma dissertação de mestrado para torná-la acessível a um número maior de pessoas surgiu no momento em que fui me dando conta de que o tema abordado era algo de um grande interesse atual. Senti que, de alguma forma, eu tinha a responsabilidade de ofertá-la a um número de leitores que fosse além dos estudantes de Psicologia ou de profissionais que vão às bibliotecas para consultas acadêmicas.

Encorajada pelo fato de que a conclusão maior que se tira do trabalho como um todo é a necessidade de ampliar a consciência das mulheres, bem como dos homens, em relação à situação que vivem nos dias de hoje, senti-me quase que impelida a trazer esses pontos de reflexão para um público mais dilatado, quem sabe podendo contribuir com uma agilização desse processo.

Apesar de conter termos e conceitos próprios do campo da Psicologia, estes virão sempre acompanhados de esclarecimentos que, acredito, sejam suficientes para a compreensão do texto, numa linguagem acessível.

Todas as pessoas que tiveram a oportunidade de entrar em contato com este material me proporcionaram um *feedback* extremamente positivo. Considerei como uma informação valiosa o fato de essas pessoas se dizerem "tocadas" pelas colocações, fazendo-as refletir em suas próprias vidas. Essa reação ao texto é absolutamente significativa para mim, enquanto autora, enquanto psicóloga, enquanto ser humano em relação.

INTRODUÇÃO

"A mulher do presente tem diante de si uma

formidável tarefa cultural que talvez signifique

o começo de uma nova época."[1]

A idéia de realizar uma investigação que levasse em conta a mulher e sua vivência da maternidade conjugada com o exercício de uma profissão brotou de minha própria vivência dessas situações, tanto a nível pessoal quanto na clínica psicológica. Da minha experiência de mãe que trabalha fora, foram surgindo algumas perguntas ligadas a sentimentos e sensações que aos poucos foram se me apresentando como possíveis formulações mais amplas e abrangentes do que simples preocupações pessoais. Pareceu-me significativo problematizar um aspecto do meu cotidiano que eu observava não apenas em mim, mas em muitas pessoas à minha volta.

A maternidade e a profissão são dois aspectos da vida humana que atualmente se fazem muito presentes enquanto objeto de estudo ou foco de interesse, e alcançam um importante destaque na vida de algumas mulheres. Chama a atenção a freqüência com que se ouve a discussão desses temas, seja a nível informal, em conversas entre mulheres, ou mesmo entre casais, seja a nível mais formalizado através de inúmeras publicações em torno de assuntos como o feminismo, a mulher contemporânea, as questões trabalhistas da mulher-mãe, etc. A mulher-mãe-trabalhadora é, assim, protagonista

---

1 JUNG, C. G. "La mujer en Europa". In *realidad del alma*, p. 171.

de um drama absolutamente atual, e a reflexão sobre o que se passa nesta conjuntura pareceu-me bastante pertinente.

Meu interesse inicial foi verificar **como se dava esse ajuste maternidade-vida profissional.** Como a mulher estava lidando com esses dois mundos. Será que ela estava usufruindo dessa associação ou apenas sentindo-se sobrecarregada? Ou ambas as coisas em momentos alternados? Várias são as pesquisas que falam da entrada da mulher no mercado de trabalho, das conquistas a partir do movimento feminista, da liberação sexual e das vantagens e desvantagens de todas as mudanças pelas quais as mulheres têm passado em termos pessoais e sociais nos últimos anos. Longe de querer ou poder explorar todo esse universo, fiz um recorte que privilegiou um determinado grupo de pessoas com características previamente demarcadas. A partir daí, foi possível voltar novamente à questão inicial que me instigava e apurá-la um pouco mais.

Dei-me conta de que ao focalizar maternidade e profissão poderia fazer uso de uma visão simbólica que viria ampliar a minha possibilidade de compreensão do meu objeto de pesquisa. Como psicóloga clínica, utilizo-me da Psicologia Analítica de Carl Gustav Jung como referencial teórico para uma abordagem das questões trazidas por meus pacientes. Dentro da perspectiva Junguiana, a compreensão dos fenômenos de um ponto de vista simbólico é algo não só cabível como priorizado. Vê-se o fato não apenas como fato, mas como algo que contém um significado, um sentido dentro de um contexto maior.

Assim, a maternidade será tomada simbolicamente como uma polaridade feminina, enquanto que a profissão poderá ser entendida enquanto polaridade masculina.

A maternidade, seja ela concreta ou simbólica, é uma experiência que se caracteriza eminentemente como feminina, uma vez que ela "fala" todo tempo de **relação.** O Feminino diz respeito basicamente ao relacionar-se e tem como princípio norteador o Eros. JUNG define Eros "em linguagem moderna como relação entre almas" ou ainda aquilo "que ata". "(...) O Eros é o que une ali onde o Logos

Introdução 11

separa."[2] O Logos em contrapartida é o princípio supremo do Masculino.

O mundo das profissões do ponto de vista mais social e convencional caracteriza-se na nossa sociedade mais pelos aspectos "logóicos" do que "eróticos". Tendo em mente as nuances envolvidas em cada profissão, e que fazem com que as classifiquemos de mais femininas ou mais masculinas, mas sem no entanto focar essas variações, tomaremos aqui o mundo das profissões como um bloco que essencialmente poderia ser considerado como polaridade masculina, uma vez que envolve funções como discriminar, desempenhar, produzir, perseguir metas, enquanto a maternidade representaria a polaridade feminina no que diz respeito ao relacionar-se, ao cuidar, ao dedicar-se.

A questão central passou então a incluir o interesse em como a mulher estaria lidando com essas polaridades - Masculina e Feminina -, traduzidas na vida profissional e na maternidade. A partir dessa formulação uma nova questão foi surgindo, que dizia respeito à possibilidade de a associação entre maternidade e profissão levar a um desenvolvimento da mulher que empreende este caminho.

A preocupação com desenvolvimento aqui diz respeito naturalmente ao **desenvolvimento psicológico**. Dentro da teoria Junguiana tal conceito se liga à possibilidade de o indivíduo atualizar suas potencialidades, fazendo uso e tendo como meta a consciência e sua ampliação. No âmbito do psicológico também estão incluídas as dimensões fisiológicas, psíquicas, sociais. Ao tocar na questão do feminino de um modo especial, temos que ter presente que "a mulher dispõe de uma perspectiva própria e o seu corpo é uma condição fundamental na maneira de ser feminina".[3]

Para a realização desta investigação foram feitas algumas entrevistas que tocaram fundamentalmente na vivência de mulheres em relação à sua condição de mãe com uma vida profissional ativa. A partir

---

2 Ibid, p.161.
3 PENNA, L. C., *Corpo sofrido e mal-amado*, p.42.

12   *Maternidade e Profissão: Oportunidades de Desenvolvimento*

desses dados foi possível refletir sobre as questões ali colocadas, ao mesmo tempo que outras formulações foram surgindo, dando, por sua vez, origem a novas questões.

Do ponto de vista clínico, ter consciência de que fazemos parte ativa de um momento de transição é de extrema importância para que possamos participar deste processo como co-autores co-responsáveis. A ampliação do conhecimento em torno do Feminino e de sua relação com o Masculino com a qual esta reflexão pretende contribuir tem como intuito trazer um pouco de luz àquilo que parece ser a grande tarefa atual do ser humano neste fim de era: a busca de uma relação genuína de troca, de alteridade*.

---

* A presença deste sinal (*) indica que este termo, bem como todos os outros que surgirem assim assinalados no decorrer deste texto, poderão ser encontrados com esclarecimentos apropriados no Glossário (p. 131).

CAPÍTULO I

PONTO DE VISTA

Numa visão holística do universo natural e humano SOUZA SANTOS cita a existência de várias teorias que apontam para a superação da dicotomia Ciências Naturais e Ciências Sociais, assentada numa visão mecanicista de mundo. Tal superação se dá uma vez que o homem se percebe mergulhado no seu campo de conhecimento e alterando uma antes pretendida relação sujeito-objeto onde o sujeito conhecedor se colocaria fora ou acima do objeto a ser conhecido.

"A ciência moderna consagrou o homem enquanto sujeito epistêmico mas expulsou-o, tal como a Deus, enquanto sujeito empírico." (Mas) "No domínio das Ciências Físico-Naturais, o regresso do sujeito fora já anunciado pela Mecânica Quântica ao demonstrar que o ato de conhecimento e o produto do conhecimento eram inseparáveis".[4]

As colocações de SOUZA SANTOS tocam-me de duas formas, ambas bastante significativas: Primeiramente como uma proposta de reflexão da Ciência que contém algo novo e instigante, o despontar de um paradigma que sai do âmbito funcional da Ciência Moderna e se dirige para o âmbito vivencial onde "(...) É necessária uma outra forma de conhecimento, um conhecimento compreensivo e íntimo

---

4 SOUZA SANTOS, B., *Um discurso sobre as ciências na transição para uma ciência pós-moderna*, pp. 66-67.

14   *Maternidade e Profissão: Oportunidades de Desenvolvimento*

que não nos separe e antes nos una pessoalmente ao que estudamos". [5]

Ao fazer esta afirmação, ele toca no segundo ponto que se apresenta a mim pleno de sentido. Sinto-me inserida num movimento científico coletivo que comunga com estas transformações e enquanto indivíduo, sujeito-pesquisador, sou também co-autora deste processo. Compartilho desta visão de mundo, não apenas racionalmente, concordando com seus preceitos, mas antes, realmente, vivo e sinto intensamente as repercussões de uma atitude que implica numa colocação, num posicionamento frente a tudo o que me diz respeito. E tudo assim passa a ganhar sentido uma vez que posso torná-lo meu, minha oportunidade de pesquisa de mim mesma.

Assim, meu "olho investigador" não estuda um objeto externo, exterior a mim, mas volta-se em movimentos intermitentes e constantes para dentro de mim e pergunta sem preâmbulos, de forma direta e aguda, "onde isto me toca?"; "que sentido se constrói na minha observação?"; "o que aquilo me provoca e onde me leva?".

Estar unido pessoalmente ao que se estuda requer portanto uma outra atitude, onde o primeiro passo é se permitir ser tocado e assumir a existência de tal ligação entre aquilo que estudo e eu mesma, em toda minha totalidade. Assim, concordo integralmente com a afirmação de SOUZA SANTOS de que "todo conhecimento é auto-conhecimento".

Encontro-me em sintonia com esta proposta de pesquisa na qual me situo como uma pesquisadora inteiramente ligada ao meu objeto de estudo. Poder-se-ia pensar que tal relação por si só constituísse um viés que inviabilizaria a fidedignidade de uma investigação. Tal risco é real na medida em que a participação ou o engajamento do investigador na sua proposta de trabalho se dê de forma inconsciente, onde seu envolvimento se configure, antes, como mistura, onde a capacidade de discriminação de processos interligados esteja ausente. No entanto, aqui entram os elementos masculinos e femininos,

---

5 Ibid., p. 68.

Ponto de vista

que na sua justa medida auxiliam e se complementam, para que cheguemos a um resultado mais pleno. Quero dizer com isto que o elemento de Eros*, de ligação com o problema ou à questão central, é de fundamental importância, pois é este afeto a energia motriz de qualquer projeto, assim como o é o elemento de Logos*, a capacidade de discriminar, de separar, de evitar misturas, de ordenar idéias.

Espero estar fazendo uso de ambos em todo percurso da minha investigação e desta forma usar da minha vivência pessoal enquanto mulher, enquanto mãe, como esteio para a compreensão, a aproximação, a formulação de questões em torno de um assunto que percebo como atual e central para a mulher aqui configurada.

"Conta a lenda que dormia
Uma Princesa encantada
A quem só despertaria
Um Infante, que viria
De além do muro da estrada.

Ele tinha que, tentado,
Vencer o mal e o bem,
Antes que, já libertado,
Deixasse o caminho errado
Por o que à Princesa vem.

A Princesa Adormecida,
Se espera, dormindo espera.
Sonha em morte a sua vida,
E orna-lhe a fronte esquecida,
Verde, uma grinalda de hera.

Longe o Infante, esforçado,
Sem saber que intuito tem,
Rompe o caminho fadado.
Ele dela é ignorado.
Ela para ele é ninguém.
Mas cada um cumpre o Destino.

Ponto de vista

Ela dormindo encantada,

Ele buscando-a sem tino

Pelo processo divino

Que faz existir a estrada.

E, se bem que seja obscuro

Tudo que pela estrada fora,

E falso, ele vem seguro,

E vencendo estrada e muro,

Chega onde em sono ela mora.

E, inda tonto do que houvera,

A cabeça, em maresia,

Ergue a mão, e encontra hera,

E vê que ele mesmo era

A Princesa que dormia."

(PESSOA, F., "**Eros e Psiquê**". In *Obra poética*, RJ., 1983, pp. 115-116.)

CAPÍTULO II

A SITUAÇÃO DA MULHER FRENTE AO TRABALHO E À MATERNIDADE

Do Ponto de Vista Histórico

"Dizer eu não é fácil para as mulheres a quem toda uma

educação inculcou o decoro do esquecimento de si."[6]

Ao observar, entre outras coisas, como a mulher contemporânea transita pelo mundo profissional, suas características, suas reivindicações, etc., fui despertada para recuar no tempo e investigar um pouco da história da mulher na nossa sociedade e o que a levou a estar hoje no lugar em que se encontra.

Nesta passagem do espaço privado para o espaço público que a mulher trilhou neste fim de século XIX e início e decorrer de século XX (surpreende-me o quão recente é esta história!) o feminino teve um destino peculiar.

Num primeiro momento o feminismo surgiu com características bastante paradoxais, exigindo direitos mas mantendo estruturas, em

---

6 PERROT, M., "Práticas da memória feminina". In *A mulher no espaço público*, p. 17.

Maternidade e Profissão: Oportunidades de Desenvolvimento

seguida fazendo-se radical e revelando-se até "masculinizado", para somente aos poucos ir se dando conta que a questão estava mais na inteireza do ser humano do que na sua divisão e oposição. Assim, parece que estamos vivendo um momento único em que o feminino está sendo buscado seja no feminismo, seja nas ciências, seja pelo homem ou pela mulher, a partir de onde podemos vislumbrar um caminho em direção a pessoas, experiências e relações mais plenas.

Lançando mão de escritos de áreas das Ciências Sociais, Comunicação e Semiótica,[7] História, Psicologia Social — todos eles de autoria de mulheres —, reuni alguns dados a esse respeito e aqui os incluo para que possamos compreender melhor o contexto do qual a mulher de hoje faz parte enquanto integrante de destaque em fatos, posicionamentos, lutas e conquistas.

As primeiras manifestações de descontentamento da mulher com seu *status quo* no Brasil se dão por volta de 1850, com o surgimento de uma imprensa feminista e com o envolvimento das mulheres brasileiras na luta abolicionista[8]. Dá-se início ali um processo de emancipação onde a expressão em primeira pessoa se fará de fundamental importância. Como se sabe, a adesão das mulheres ao movimento abolicionista teve um significativo componente: a sua identificação com o negro enquanto minoria oprimida.

O primeiro número do *Jornal das Senhoras* data de 1852 e talvez tenha sido se não o primeiro, pelo menos um dos primeiros jornais feministas editados no país. (Fato curioso, a responsável por sua edição foi uma argentina radicada no Brasil, de nome Joana Paula Manso de Noronha.) Não devemos entender "feminista" aqui com os referenciais que temos hoje do que venha a ser esta ideologia ou movimento. Esse primeiro momento de extravasamento público de um descontentamento e desejo de mudança deu-se de forma bastante incipiente, onde o que se buscava era um diálogo maior com os

---

7 Este dado só foi por mim observado depois que eu estava em pleno processo de escrita do capítulo. Não foi de forma alguma premeditado, o que o torna mais interessante e significativo.

8 SAPORITI, E., *A mulher como signo de crise*, pp. 73-ss.

A situação da mulher frente ao trabalho e à maternidade 21

homens. A tentativa era de convencê-los da necessidade de as mulheres serem mais instruídas para serem melhores mães e esposas, e portanto para servi-los melhor. É na verdade uma espécie de pedido para que tenham acesso ao conhecimento e existam, ainda numa relação de extrema dependência que nos lembra uma díade pai-filha.

Dez anos depois, o Jornal *O Bello Sexo* do Rio de Janeiro era confeccionado por um grupo de mulheres que já tinham um nível de conscientização bem maior das aflições e necessidades femininas. A faixa da população que promovia reflexões desse caráter era de nível secundário e com uma posição econômica que lhes permitia dar tempo e empenho a obras assistenciais, geralmente ligadas à questão feminista.

Seguindo-se a esse primeiro momento, de início de expressão de sua insatisfação, as mulheres irão, também através da imprensa, iniciar o movimento sufragista, cuja principal preocupação era pôr em discussão a participação exclusivamente masculina na política, nas profissões e nas manifestações intelectuais. Apesar de iniciado, o debate sobre o voto da mulher cruzou o século mantendo ares de um pedido de permissão, com garantias de que o homem não se arrependeria, pois em nada a cidadania da mulher afetaria os seus papéis de mãe e esposa.

Em 1928 é lançado um importante manifesto para a luta sufragista: a Declaração dos Direitos da Mulher. Finalmente em 1932 é promulgado o Código Eleitoral e o voto da mulher é aprovado. Com isso o feminismo entra em colapso e nota-se que até esse momento ele formulava o direito do voto como algo equivalente ao fim da opressão da mulher.

Impossível falar em feminismo e não mencionar Betty Friedan e, seu livro *A mística feminina* lançado em 1963, cujo poder de atingir várias camadas sociais nas mais diferentes sociedades constituiu um marco, além de incentivar a formação de "grupos de reflexão" — um espaço de debate de questões ordinárias, do dia-a-dia, bem como de questões amplas.

Maternidade e Profissão: Oportunidades de Desenvolvimento

1975 foi um ano particularmente importante por ter sid⌐ decretado pela ONU o "Ano Internacional da Mulher", fato este que gerou inúmeras discussões e foi considerado o "marco inicial da atual mobilização de mulheres no país."[9] De fato, foi a partir deste momento que as idéias feministas passaram a ganhar força, e à medida que o processo de abertura política no país foi se dando a sua expressão ganhou espaço para se expandir. Serão iniciados vários movimentos, criadas instituições, realizados congressos, tornadas públicas reivindicações. Exemplos disso são o primeiro jornal declaradamente feminista *Nós Mulheres*, de 1976; a criação do S.O.S., um movimento feminista paralelo que visava unir a reflexão e a ação na questão da violência dirigida à mulher; a realização do "Congresso da Mulher Metalúrgica", em 1979; a realização do "Primeiro Congresso Nacional da Mulher Trabalhadora", em 1986. Se nos anos 70 a marca do feminismo foi a crescente conscientização a nível social da opressão da mulher, a década de 80 se caracteriza pela alteração do rumo das reflexões, quando onde os grupos voltaram suas atividades mais para questões específicas do que genéricas ou amplas.

Por conta de divisões político-partidárias, crise econômica e falta de uma política especificamente feminista, o movimento perdeu força e se desestruturou.

Em sua pesquisa realizada com mulheres "feministas" (ou simpatizantes do movimento e suas lutas), com mulheres "não feministas" (ou contrárias ou indiferentes ao movimento) e com operárias, SAPORITI[10] encontrou este desmembramento refletido num feminismo malvisto por todas as suas entrevistadas. A respeito dos resultados específicos do grupo de mulheres operárias e sua relação com o feminismo, observou que este mostrou-se alheio ao movimento e seu significado, indicando, como já havíamos mencionado em outro momento, que as preocupações feministas aparecem predo-

---

9 SARTI, C., "Feminismo no Brasil: uma trajetória particular". In: Cadernos da Fundação Carlos Chagas, n⍛ 64, p. 41.

10 Op. cit., p. 112.

A situação da mulher frente ao trabalho e à maternidade   23

minantemente entre mulheres que já têm suas necessidades básicas atendidas, num nível mínimo, pelo menos.

No entanto, encontrou também a descrição deste movimento como uma postura ou um conjunto de atitudes que almeja essencialmente que "as diferenças sejam apenas diferenças. Que não sejam postas a serviço da discriminação e da exploração de um sexo pelo outro".[11] Isto se aproxima de algumas colocações aqui presentes, sobre as diferenças de gênero como algo a ser vivido por homens e mulheres sem hierarquias. Estas são idéias que se localizam mais nos anos 90 e que podemos identificar na fala de muitas mulheres com quem temos contato atualmente, bem como na literatura.

Há uma outra autora que eu gostaria de citar, pois traz contribuições a meu ver valiosas a respeito do significado da visão desigual sobre homens e mulheres: BARDWICK, J. M. Ela nos lembra que em questão de anos testemunhamos mudanças de valores básicos, e localiza na Revolução Industrial o ponto original em que o mundo do trabalho e o mundo doméstico foram se distanciando progressivamente. Sabemos, de nossa vivência diária, o quanto o sexismo, ou a convicção de que tudo o que é masculino é intrinsecamente melhor do que o que é feminino (masculino e feminino aqui entendidos como "do homem" e "da mulher" respectivamente), auxilia na manutenção desta distância. Vemos sua presença na opinião depreciativa sobre os trabalhos caseiros e a maternidade. Para BARDWICK, "o sexismo não deprecia apenas o que as mulheres **fazem** mas também o que elas **são**"[12] (...) e o sexismo mais destruidor é o que a mulher carrega dentro de si mesma. Chama atenção para os estereótipos que deturpam as qualidades masculinas na mulher e femininas no homem. Assim, "enquanto as características masculinas no trabalho incluem confiança, asserção, decisão e poder, a mulher que apresenta tais requisitos é considerada agressiva, autoritária, didática, fria e vingativa".[13]

---

11 Ibid., p. 112.

12 BARDWICK, J. M., *Mulher, sociedade, transição: como o feminismo, a liberdade sexual e a procura da auto-realização alteraram as nossas vidas*, p. 45.

13 Ibid., p. 57.

Considero estas colocações extremamente interessantes e importantes de serem refletidas com seriedade. Podemos depreender daí o quanto as mesmas características num determinado contexto se fazem adequadas, e mesmo exigidas, se demonstradas por um homem, e inadequadas se expressas por uma mulher. Trata-se do olho interpretativo que cunha valores subjetivos que recaem novamente na questão do preconceito. Preconceito também presente contra as crianças no que elas representam de encargos. A autora fez-me ver e experimentar o quanto esses "encargos" presentes na grande diversidade de papéis que a mulher exerce, seus inúmeros compromissos e atividades que exigem que ela seja num momento assertiva, em outro continente, num firme e intransigente, noutro permissiva, podem se traduzir isto sim numa qualidade que de alguma forma a força a encontrar um senso de identidade e que implica em um ganho em termos de amadurecimento pessoal.

No modelo social em que vivemos, o homem fica restrito e muitas vezes ambiciona uma posição marcadamente unilateral ligada ao trabalho. No entanto, geralmente os homens que se dispõem (ou mesmo são obrigados, por uma imposição da vida) a exercer uma paternidade "ativa", digamos assim, estreitando o contato com filhos e casa, descobrem um universo totalmente novo com o qual se surpreendem e se encantam. Isso tudo leva-nos a repensar as metas de sucesso que nos colocamos no mundo ocidental. Penso que se faz necessário incluir um lado feminino posto de lado na nossa forma de olhar o mundo e passar a considerar o prazer nos relacionamentos, bem como no trabalho e lazer, como aspecto não excludente e sim integrado.

O ingresso da mulher no mercado econômico representou o "detonador" de muitas reconsiderações da estrutura social e mesmo do panorama psico-sócio-cultural que vivemos hoje. Mas não podemos nos iludir de que isto já é todo o caminho.

Quero dizer com isso que a entrada da mulher como participante da força de trabalho, apesar de ser um primeiro passo, não é suficiente para alterações mais profundas. Urge uma nova atitude da mulher, não só enquanto papel social mas também enquanto forma de

A situação da mulher frente ao trabalho e à maternidade 25

relacionamento de um modo global. É preciso que haja uma transformação interna, um questionamento profundo por parte da mulher de sua inserção nas relações, desde as mais primárias e basais que são as parentais, até as conjugais, que a colocam novamente no núcleo familiar, agora como produtora (reprodutora) de valores; transformação esta que seja capaz de causar movimentações e rearranjos efetivos das posições e crenças vigentes.

HILLMAN, ao discorrer sobre a idéia de inferioridade feminina que permeia a sociedade ocidental, nos traz um dado histórico bastante ilustrativo. Conta que no início do século, em 1905 mais precisamente, o Dr. Paul Julius Moebius, também estudioso de Neurologia, como seu contemporâneo Sigmund Freud, publicou um livro que tornou-se famoso e que tratava da fraqueza mental fisiológica da mulher. Descrevia a mulher como "uma coisa intermediária entre a criança e o homem, em vários aspectos mentais também, (...) cujo primeiro interesse deve ser exatamente o de ser guardiã da espécie como esposa e mãe".[14] Além do Dr. Moebius, HILLMAN cita outro "mestre da misoginia literária" com grande influência na Europa também no início do século, Otto Weininger, que afirmava que "a mulher não tem alma; é material, sexual e mentalmente inferior".[15]

HILLMAN acredita que "a idéia de inferioridade feminina é paradigmática para um grupo de problemas que se tornam manifestos ao mesmo tempo nas áreas psicológica, social, científica e metafísica" e a "transformação da nossa visão de mundo pressupõe a transformação da visão do feminino".[16]

Com isso quer dizer que todos esses séculos de opressão à mulher serviram também para colocar em segundo plano os valores femininos, tais como a predominância da relação, do contato, a valorização do belo, a orientação pela natureza, etc. E isto esteve presente nos mais diferentes níveis de manifestação. Para ele, "quando os opostos

---

14 HILLMAN, J. *O mito da análise*, p. 216.
15 Ibid., p. 217.
16 Ibid., p. 192.

26 *Maternidade e Profissão: Oportunidades de Desenvolvimento*

não são concebidos como simetria, como independentes e distintos e, contudo, reciprocamente necessários, a *coniunctio** resultante será desequilibrada".[17]

Portanto, "até que a estrutura da consciência e *aquilo que consideramos ser 'consciente'* (no sentido etimológico do termo que o autor nos resgata, como conhecer junto, como uma consciência comum, partilhada) não se alterarem numa outra visão arquetípica ou em outro modo de ser-no-mundo, continuará a existir seja o homem com a imagem de inferioridade feminina, seja uma *coniunctio* desequilibrada em cada esfera de ação".[18]

Julgo valiosos estes dados para nos darmos conta do quanto esta idéia poderosa da inferioridade feminina permeia nossas vidas, e ao mesmo tempo para termos a exata dimensão do labor necessário para recuperar este feminino ferido e humilhado, tanto no âmbito social, quanto dentro de nós mesmos.

Pesquisando trabalhos recentes em Psicologia, que foram realizados no Brasil com populações de características semelhantes ao grupo de mulheres que entrevistei, encontrei diversas formas de compreensão dos fenômenos maternidade e trabalho—geralmente em separado. Não cabe aqui citá-los individualmente por se tratarem de trabalhos acadêmicos cujo teor e discussão mais minuciosa se fariam enfadonhos no presente contexto[19]. No entanto posso ressaltar o fato de que, usando diferentes enfoques e abordagens distintas, estas pesquisadoras se lançaram na investigação do papel sexual tradicional da mulher, da dinâmica psíquica que sustenta e estrutura o feminino, do gerenciamento dos espaços público e privado, da possibilidade de desenvolvimento contida na vivência da maternidade, da formação da identidade da mulher a partir das associações de papéis que vivem, enfim, de inúmeros aspectos possíveis de serem

---

17 Ibid., p. 219.

18 Ibid., p. 221.

19 Aos interessados em consultar estas pesquisas é possível identificá-las na Bibliografia na qualidade de "Dissertação de Mestrado em ...". Geralmente esses trabalhos podem ser facilmente encontrados nas bibliotecas das grandes universidades.

enfocados, iluminando importantes áreas do universo feminino nos dias de hoje. Alio-me a elas e, em primeira pessoa, trago para o centro da discussão o tema da maternidade e profissão associadas, tema esse que tanto nos aflige, bem como nos impulsiona a caminhar em direção a uma reflexão com conseqüências práticas e transformadoras em nossas vidas.

CAPÍTULO III

A MULHER NOS DIAS ATUAIS

Faço parte de uma geração que assistiu e participou de uma abertura ou questionamento de valores até então muito rigidamente estabelecidos. O valor maior da mulher era a maternidade. Para ela a sociedade propunha como fim último do relacionamento com o homem a procriação e a perpetuação da espécie. Qualquer coisa que saísse destes moldes era vista como uma anomalia: a mulher que não se casava "ficava para titia". A referência era a maternidade: se não se casa, não se reproduz, não cria seu próprio núcleo familiar e portanto o seu contato é com o núcleo familiar dos outros, atrelando a este a sua identidade pessoal e social. A mulher que não tinha filhos também era vista como tendo algo anormal, um "problema". Poucas eram as mulheres que estudavam além do que se chamava "clássico" ou "científico". As universidades eram tipicamente masculinas e as mulheres que eventualmente as freqüentassem eram vistas como "uma cabeça" , ou seja, valorizadas no seu aspecto intelectual, marcadamente um valor masculino, ou então eram classificadas como "um bacalhau que de tão feia só mesmo sendo inteligente" e, portanto, tendo retirada toda a sua feminilidade. Assim, sendo "quase um homem" ela conseguia penetrar neste universo masculino.

JUNG, ao falar da mulher da década de 30 de modo geral, e da mulher européia de modo mais específico, afirma que ela não tem uma importância visível ao homem, nem política, nem econômica, nem espiritual, pois se tivesse "figuraria mais no campo visual do

30   *Maternidade e Profissão: Oportunidades de Desenvolvimento*

homem, que a teria como uma competidora. Tal sucede às vezes, mas então a mulher aparece como um homem que, por assim dizer, é só acidentalmente mulher"[20] Apesar de JUNG se referir a outro tempo e espaço, mesmo atualmente, na nossa sociedade, essa colocação tem validade. Podemos evidenciar a crescente competição que se dá, uma vez que a mulher se faz visível ao homem. No entanto, é-nos ainda muito freqüente a visão da mulher sob o prisma do masculino, e a feminilidade como algo acidental.

Se uma moça "predestinada" ao casamento ousava transgredir a fronteira — e "fronteira" aqui pode ser entendida como os limites sociais estabelecidos em torno do que se julgava adequado a uma mulher — e provava do "sexual", era imediatamente catalogada como fazendo parte da classe das mulheres "fáceis" e muitas vezes perdendo a oportunidade de uma relação mais profunda que estaria se desenhando no seu encontro com o homem, sendo abandonada por este.

A feminilidade devia ficar restrita ao lar, e com isso contida. Qualquer avanço nos limites previamente estabelecidos pelo meio social era julgado e condenado. Era a época da mulher dividida, partida em duas : a mulher para fazer sexo e a mulher para casar; a mulher-prazer e a mulher-esposa, futura mãe. Tanto o homem quanto a mulher traziam dentro de si esta visão fragmentada, cindida.

Mas cabia à mulher, enquanto elemento subjugado neste jogo de poder, "virar a mesa". Aos poucos foram surgindo vários movimentos feministas que propunham uma nova colocação da mulher na relação com o homem e na sociedade. A mulher foi-se dando conta de sua condição e de seu potencial intelectual, de sua capacidade de trabalho[21] e de competitividade com o homem, da constituição da estrutura do mercado de trabalho marcadamente favorável ao ho-

---

20 JUNG, C. G. La Mujer en Europa. In *realidad del alma*, p. 154.

21 O termo "trabalho" aparecerá muitas vezes ao longo deste texto e deve ser entendido como "trabalho profissional remunerado" em contraste com "trabalho doméstico", este sim vindo sempre assim discriminado. Adotou-se este procedimento para se evitar a interrupção e adjetivação do termo a todo momento.

A mulher nos dias atuais 31

mem, etc. Como todo movimento de ruptura, o feminista também precisou num primeiro momento fazer-se radical. Os valores foram virados de cabeça para baixo. Aquilo que antes era o valor maior, a maternidade, o cuidado com a casa e as tarefas domésticas, é desvalorizado e diminuído.

Ser "do lar" passa a ter um cunho negativo; é vergonhoso. A mulher agora sai dos limites da casa para "trabalhar fora". Há uma divisão, **fora** e **dentro** de casa, mas geralmente o que é considerado **trabalho** é o que se passa **fora** do espaço físico da casa e o que é remunerado. O que se passa **dentro** parece ser visto como tão aderido à mulher, como uma segunda pele, que constitui uma identidade. A remuneração é um fator extremamente importante, um diferencial que insere a mulher no espaço público.

"Na verdade, se for considerada como trabalho toda atividade socialmente necessária, o trabalho da mulher estará em toda parte: no preparo da comida, na limpeza das casas e das roupas, na organização e gerência do lar, na formação de futuras gerações e inúmeros outros afazeres que só se tomaram visíveis com o amadurecimento dos estudos e pesquisas sobre a mulher."[22] No entanto, isto implicaria em uma ampla — e necessária — redefinição do conceito de trabalho.

Mas naquele momento a mulher vive a divisão em si mesma. Tem que afastar de si tudo o que diz respeito ao âmbito doméstico e "ir à luta", "batalhar". As expressões já predizem o que a espera. É um trabalho árduo, uma batalha, onde a mulher irá se confrontar e muitas vezes se contrapor ao homem, numa luta por um espaço em que ela sai em desvantagem e tem que se superar a cada momento.

Superar-se no sentido de que, apesar de ela estar voltada para "fora", para a dedicação e investimento do seu lado profissional, é esperado dela um sucesso no âmbito do lar; ou melhor, é dado como obrigatório este sucesso, como pré-requisito da sua saída para o mercado de trabalho. Caso esta condição não seja cumprida, imedia-

---

22 BRUSCHINI, M. C., *Tendências da força de trabalho feminina brasileira* nos anos 70 e 80: algumas comparações regionais, p. 5.

32 *Maternidade e Profissão: Oportunidades de Desenvolvimento*

tamente se misturam os dois campos e a mulher é taxada de incapaz. São aquelas aferições onde se justifica ou se culpa uma situação pela outra, como por exemplo "Você sai para trabalhar e a casa vira uma bagunça por causa da sua ausência", ou "Você não está rendendo no trabalho como deveria porque está muito ligada aos problemas domésticos". Há um ideal perpassando todo tempo a relação da mulher com o mundo, que é um ideal orientado para o que chamo de "Super Mulher". Caberia a ela dar conta do sucesso no lar e no trabalho. E, claro, nos relacionamentos. "Num primeiro momento as mulheres (...) procuraram compatibilizar no espaço de um só dia o que antes eram duás vidas."[23]

Ainda voltada para um bom desempenho no trabalho, a própria mulher negou muito os valores femininos, como o cuidado com a casa, a sintonia com um ritmo próprio de funcionamento, a estética do lar e do corpo, a busca do prazer, etc.

Lembro-me bem que com pouco tempo de casada, ainda reconhecendo como meu o novo espaço da nova casa, foi com uma certa timidez e vergonha que admiti para mim mesma um gosto estranho em lavar louça! Mas então era possível?! Gostar de algo que foi tão aprendido como tarefa menor? Arrumar a casa também podia ser fonte de satisfação? Foi no rompimento do silêncio, na coragem de "confessar" estas observações e sentimentos que seriam tão pessoais e, porque não dizer, anormais, que descobri um eco que me surpreendeu. A revelação do segredo tem realmente seus efeitos terapêuticos! Logo já éramos algumas as mulheres falando abertamente dos gostos e desgostos que faziam parte do nosso dia-a-dia, das preferências por tarefas mais solitárias ou grupais, do prazer em alimentar, nutrir, administrar ou proporcionar conforto ou estética. Tratava-se de uma importante e valiosa descoberta. Faltava no entanto — ou falta ainda — integrá-la completamente. Falava disto "à boca pequena", sem alardes, quase segredando. O "Fantasma da Dona-de-Casa" é antigo e poderoso. Não se livra dele assim tão facilmente. Mas acredito que a mulher passou a encará-lo mais de frente, e só esta atitude o tornou menos fantasmagórico e assustador.

---

23 OLIVEIRA, R. D. de, *Elogio da diferença - O feminismo emergente*, p. 99.

A mulher nos dias atuais

Penso que este movimento de repressão dos valores femininos para a instalação e priorização dos valores masculinos, fez parte de toda uma cultura milenar de entrada do masculino no panorama humano. Numa visão evolucionista dentro de uma perspectiva simbólica da História, o dinamismo matriarcal, definido por BYINGTON no seu aspecto psicológico como "um padrão de organização da personalidade, da Cultura, na Consciência Individual e Coletiva", deve ser entendido de modo dinâmico em relação aos dinamismos patriarcal e de alteridade.[24]

Tal como na criança pequena, cuja consciência se encontra tão próxima dos processos inconscientes e cujo contato com o mundo se dá de modo ainda indiferenciado, que a entrada de elementos discriminatórios, da lei, das regras, se faz absolutamente necessária para a estruturação de ego, o dinamismo patriarcal emerge e sobrepuja os valores matriarcais, impondo seus próprios valores e seu próprio modo de funcionamento. Somente quando o Eu e o Outro já podem ser vistos como entidades separadas abre-se a possibilidade de troca, de relacionamento e de percepção do Eu enquanto parte de um todo.

Não se trata de julgar se essa seqüência é boa ou ruim, certa ou errada. O que podemos considerar são as suas manifestações na história pessoal, de cada um, e na própria história da humanidade. WHITMONT aponta para o fato de que o que manteve ou sustentou o sistema androlátrico de valores do patriarcado em detrimento do feminino foi a ficção de uma ilegitimidade da dimensão mágico-mitológica e conseqüente valorização da mera força muscular. O prejuízo disto atingiu homens e mulheres. E acrescenta:

"A desvalorização do Feminino, portanto, tem suas raízes numa dinâmica psíquica mais elementar do que em apenas modas ou preconceitos passageiros. Conquanto possa ter sido uma atitude

---

24 BYINGTON, C., "Uma Teoria Simbólica da História". In Junguiana, vol. I, p. 141.

34   *Maternidade e Profissão: Oportunidades de Desenvolvimento*

lamentável e até mesmo destrutiva, parece ter sido necessária ao desenvolvimento da própria consciência do ego."[25]

Acredito que no momento atual vivemos uma nova transição onde todo o nosso trabalho é o de recuperação do que foi esquecido ou subjugado e desvalorizado, para um balanço em direção ao estabelecimento de um novo padrão de consciência, que é o padrão da alteridade*, baseado fundamentalmente na troca e no relacionar-se. Tal padrão foi assim denominado por BYINGTON (Outro) "porque nele a consciência se torna capaz pela primeira vez de perceber o Outro como a si mesmo, ao mesmo tempo que se percebe e ao Outro como expressão do todo. (...) Na Alteridade o Eu se relaciona com o Outro igualmente e desse relacionamento percebe criativa e dialeticamente o desenvolvimento processual do todo, passando a se tornar co-autor consciente e co-responsável por sua história."[26] Estamos portanto em pleno momento de busca de conjugação, de adição e de integração significativa das partes.

FREUD fala do complexo de castração e inveja do pênis, na suposição de que há algo errado com os órgãos genitais femininos e o que eles representam. SIMONE de BEAUVOIR afirma que "na mulher, o complexo de inferioridade assume a forma de rejeição envergonhada de sua feminilidade. Não é a falta do pênis que causa esse complexo, mas a situação total da mulher". Numa conferência que assisti há alguns anos proferida pela Dra. MARIE LANGER, ela invertia, com um certo tom de brincadeira, mas sem deixar de lado a gravidade de sua fala, a construção do conceito de castração, propondo que se pensasse que o pênis é na verdade um clitóris hipertrofiado. Com esta inversão pula-se ao pólo oposto, continuando-se no entanto com a mesma atitude comparativa e competitiva do homem e da mulher no sentido de se estabelecer uma supremacia de um sobre o outro.

Acredito, entretanto, que possamos, ou talvez devamos mesmo, começar a nos propormos a pensar e a viver uma aceitação do

---

25 WHITMONT, E., *O Retorno da deusa*, p. 144.
26 BYINGTON, C., op. cit., p. 156.

A mulher nos dias atuais 35

masculino e do feminino tal como eles se nos apresentam, despidos de tantas avaliações.

Talvez seja o momento de definirmos estes termos como eles estão sendo aqui entendidos. Em primeiro lugar, temos que considerar uma grave limitação da nossa linguagem, que usa termos iguais ou semelhantes, cujos significados diferentes se misturam, causando uma enorme confusão. Essa "salada conceitual" é extremamente prejudicial a uma tentativa genuína de esclarecimento do que se passa com o gênero humano. Assim, feminino, feminista, fêmea, afeminado, mulher, da mulher, são termos cuja utilização fica muitas vezes sujeita a critérios subjetivos de interpretação. Diferentemente da cultura oriental, que conta em seu sistema lingüístico com os termos Yin e Yang, que lhe adjetivam não somente os conteúdos internos mas todas as formas vivas, encontramo-nos empobrecidos no nosso modo de expressão dessas qualidades distintas.

Considerando o alerta que WHITMONT nos faz para esta freqüente confusão entre gênero sexual e gênero arquetípico, é mister que se tenha sempre em mente que o feminino e o masculino devem ser entendidos no sentido arquetípico simbólico, **dizendo respeito tanto ao homem quanto à mulher.**

Assim, ao masculino estariam ligadas qualidades como a busca da conscientização e diferenciação, a deliberação, a autoridade, a energia ativa da iniciativa, o impulso para o trabalho, como para a agressão, a determinação, a exteriorização, a diversificação, a penetração, a ação externa, o intelectual, o causal, o analítico, o argumento.

Ao feminino corresponderiam a sensualidade, o continente, o recipiente, o lúdico, o suscetível ao mágico, ao místico, ao mediúnico e ao psíquico, a alegria, o prazer, a manifestação artística, a capacidade de apreciar o belo, a inerência, a unificação, a incorporação, a atividade e a existência, o intuitivo, a sincronicidade, a gestalt, a experiência.[27]

---

27 WHITMONT, E., op. cit., pp. 147-148.

Até agora falei da mulher do lar e do trabalho, e a complexidade desta vivência no nosso momento histórico atual. Quando se introduz a maternidade neste quadro, tudo se altera em direção a uma complexidade ainda maior. Sem dúvida alguma, a mulher que trabalha mas não tem filhos tem outra relação com o lar e com a profissão, uma mobilidade nos dois campos muito distinta da mulher com filhos. A maternidade interfere de forma contundente na vida pessoal, profissional e na vida de relação da mulher. A mim me interessa que olhemos com mais vagar e profundidade esta mulher-mãe-profissional.

Antes de entrar nesta questão, faço um pequeno parênteses para ressaltar a participação do homem em todos esses momentos marcadamente de transição e mudanças. Se coube à mulher todo um trabalho de sensibilizar o homem para a necessidade de enfocá-la sob um novo prisma, este homem responde a isto de várias formas. Às vezes de forma aberta e receptiva, participando do chamado à valorização do feminino: são homens que aceitam o desafio da cozinha, que se experimentam no cuidado com os filhos, mesmo que bebês pequeninos, que participam ativamente da limpeza e decoração de suas casas e não se sentem ultrajados na entrada da mulher no panorama financeiro do casal. Não é uma **divisão**, porém uma **participação**.

Internamente, a valorização do feminino virá sob forma de uma sensibilidade maior aos próprios conteúdos, um contato mais estreito com o próprio corpo, uma abertura para a experiência, para a intuição, para o lúdico, podendo levá-lo a uma mudança radical de visão de mundo com conseqüências evidentes na sua maneira de viver e se relacionar.

No entanto, raros são os homens que se colocam efetivamente disponíveis para uma reavaliação das tarefas do casal ou para uma abertura interna em direção a esse feminino. Freqüentemente o "sacrifício" toma ares de "favor" e tem seu preço.

Lembro aqui, a título de ilustração, que dentro da estrutura familiar que estamos tratando geralmente há uma empregada que integra e de alguma forma garante um equilíbrio para que a mãe-trabalhadora

A mulher nos dias atuais   37

possa exercer todas as suas funções. No momento em que esta empregada falta, automaticamente é ela, ou uma outra mulher (mãe, sogra, vizinha) que ocupa este espaço para que toda a estrutura doméstica não desmonte. Desta forma, ela abre mão do que há de seu mais pessoal para suprir a falta, até que um novo equilíbrio se estabeleça — este geralmente também só se refaz através do seu exclusivo esforço.

Mesmo em outras sociedades é possível encontrarmos semelhanças na atitude em relação à questão da divisão de tarefas que vemos no Brasil. Em uma pesquisa comparativa realizada com mulheres belgas que trabalhavam e tinham um filho e mulheres que não trabalhavam e também tinham um filho[28], foi possível observar que realmente há uma maior divisão das tarefas familiares no grupo de mulheres que trabalhavam fora. No entanto, ao se aproximar mais do **como** se dava essa distribuição, notava-se que a expressão que caracterizava a participação do homem era "ajuda". E sabemos a diferença de envolvimento que existe quando **ajudamos** alguém e quando nos **responsabilizamos** por algo ou alguém. A questão não se encerra portanto em quem faz o quê, mas como o casal está vivendo os mais diversos aspectos de sua vida, incluindo a maternidade-paternidade e o exercício profissional. É mais uma questão estrutural do que propriamente administrativa.

Mas o ponto central para a mulher não é esperar uma mudança do homem. Ela poderá ser promotora de tal mudança uma vez que se colocar num novo *locus*, estabelecendo um novo padrão de relacionamento.

Muitas vezes o homem responde a esta nova mulher emergente de forma desconfiada e preconceituosa, agarrando-se com unhas e dentes a seus antigos valores, com medo de "perder seu espaço". Em suma, sentem-se ameaçados. Nós muito bem conhecemos o estereótipo do homem latino-americano, o dito "machão", seu comportamento freqüentemente rígido e preconceituoso, pautado por padrões tipicamente patriarcais que excluem o universo femini-

---

28 BAPTISTA, S. M., *Maternidade e exercício profissional*, p. 55.

no ou o subjugam como algo sem voz e sem luz própria. No machismo, "se é por que é" e os homens se vêem no direito de fazer das mulheres suas vassalas.

Como sabemos, a experiência unilateral e extrema costuma cobrar preços altos. Como uma faca de dois gumes, o machismo acaba por oprimir também o homem, que se vê obrigado a ter um desempenho impecável nas suas várias atuações.

A forma de relação que me parece mais interessante e proveitosa é a daquele homem capaz de absorver as mudanças que vão se anunciando; o companheiro, ou seja, aquele que acompanha realmente o movimento da "nova mulher", se beneficiando também do processo, e com isso passando a integrar todo este quadro como agente e não como mero espectador.

Chegando ao momento atual, a mulher se encontra herdeira de uma situação bastante peculiar: uma identidade calcada no papel da maternidade ao qual às vezes rejeita como algo antigo, não mais socialmente valorizado, "careta", mas que também sente como uma experiência importante e significativa ; ao lado disto a atividade profissional também lhe proporcionando identidade própria, socialmente (super-) valorizada, mas lhe trazendo uma certa sensação de insatisfação, de incompletude. Muitas vezes vivencia esses dois aspectos como divididos e se sente mal por estar trabalhando e não ao lado do(s) filho(s), e, quando em casa, sente-se incompleta e necessitando dar vazão ao lado profissional e ser menos absorvida pelas tarefas domésticas. Assim, vive e convive com a ambigüidade em si mesma.

Segundo OLIVEIRA, a ambigüidade, entendida como uma falta de discriminação onde nada é totalmente afirmado ou negado, é a resposta possível da mulher frente a duas ordens contraditórias que o social lhe faz: "Seja homem mas continue mulher".[29] Tal imposição implica numa fragmentação e num esforço desesperado para não perder nada, para ser tudo ao mesmo tempo.

---

29 OLIVEIRA, R. D. de, op. cit., p. 77.

A mulher nos dias atuais 39

Aceitar responder a esse chamado ou a essa exigência, melhor dizendo, e permanecer na ambigüidade torna a mulher vulnerável e manipulável.

Uma questão humana também está aí colocada: Como posso eu conciliar o meu processo pessoal com o outro que comigo se relaciona e que também tem o seu próprio processo evolutivo a traçar, muitas vezes de características, ritmo, requisitos tão díspares do meu? No caso da relação mãe-bebê a requisição é tão absorvente... Posso estar com toda a energia voltada para a produção de um texto por exemplo, ou para uma leitura, ou para a correção de uma prova, seja lá o que for que faça parte especificamente da minha vivência profissional, e meu bebê chora porque sente fome, ou simplesmente porque já aprendeu a chamar minha atenção e a quer por completo, sem partilhas. Tenho que alimentá-lo sem dúvida; mas a mim também! Essa conciliação é delicada e requer muita atenção; um estado de alerta constante.

A mulher carente de alimento tem filhos desnutridos. Transponho esta constatação para a dimensão psíquica: para a formação de um vínculo saudável, a satisfação pessoal é indispensável. É ela o próprio alimento da alma e também aquilo que irá nutrir a relação. Daí que os dois processos caminhem sempre juntos. Necessidades da mãe e filho devem ser atendidas. Se uma das partes não o é, cria-se um desequilíbrio. "Ser mãe **não** é padecer no Paraíso". Não existe "Paraíso" e muitas vezes o padecimento é muito mais real do que o ideal paradisíaco que nos é vendido e que compramos sem mais perguntas.

No meu modo de ver, a maternidade não pode ser vivida como algo que tolhe a mulher na sua realização profissional, assim como seu trabalho não deve ser motivo de limitação para a maternidade. Vivemos um momento que transcende a escolha "ou um, ou outro". O momento é de integração, "um e outro". Trata-se de outra escolha, portanto. Como escolho viver cada uma dessas dimensões de minha vida, sendo que ambas se compõem e desenham uma totalidade, uma vivência inteira.

CAPÍTULO IV

DA SUBMISSÃO AO HOMEM

Muito se especula sobre o porquê de toda esta situação de submissão do feminino às forças masculinas ser algo tão estabelecido, uma vez que é a mulher enquanto mãe que socializa o homem e, portanto, lhe é mensageira de toda uma cadeia de valores que o constituirão. A mim me parece que esta questão é mais profunda do que possa nos levar a pensar num primeiro momento. Ela aponta para uma identificação do feminino com a Natureza e, no momento em que se inaugura a dominação da Natureza pelo homem, pela própria identificação aí presente, há o início da exploração da mulher, que se instala e se sedimenta com todas as conseqüências que já tão bem conhecemos. CAPRA, atento ao movimento que a Ciência vem fazendo ao longo da História, afirma que:

> "A exploração da Natureza anda de mãos dadas com a das mulheres, que têm sido identificadas com a Natureza ao longo dos tempos. Desde as mais remotas épocas, a Natureza — e especialmente a terra — tem sido vista como uma nutriente e benévola mãe, mas também como uma fêmea selvagem e incontrolável. Em épocas pré-patriarcais, seus numerosos aspectos foram identificados com as múltiplas manifestações da Deusa. Sob o patriarcado, a imagem benigna da Natureza converteu-se numa imagem de passivida-

de, ao passo que a visão da Natureza como selvagem e perigosa deu origem à idéia de que ela tinha que ser dominada pelo homem. Ao mesmo tempo, as mulheres foram retratadas como passivas e subservientes ao homem. Com o surgimento da Ciência Newtoniana, finalmente, a Natureza tornou-se um sistema mecânico que podia ser manipulado e explorado, o que coincidiu com a manipulação e exploração das mulheres."[30]

OLIVEIRA também denuncia a identificação que sempre se fez, da mulher com a natureza, em oposição à fundação da cultura. Há um corte entre masculino e feminino, onde as mulheres e crianças são misturadas e aproximadas da natureza, enquanto o homem é definido por atributos do adulto enquanto fundador da cultura.

"... O preço de tornar-se homem é a renúncia ao mundo feminino sob onde reside a memória nostálgica do prazer infantil e do pertencimento indiferenciado ao materno. (...) É sobre o pano de fundo dessa dominação (do homem sobre a mulher) que o humano se constrói em oposição à Natureza, ao passo que o feminino se constrói pela assimilação das mulheres à Natureza."[31] Esta autora acredita que, apesar disso e por tudo isso, atualmente estamos revendo e alterando os termos deste pacto da cultura com a natureza e conseqüentemente do pacto da ciência com o social. E aí são, sobretudo, as mulheres que estão em jogo.

O medo e o afastamento do contato mais consciente com determinados aspectos de um arquétipo, no caso o arquétipo da Grande Mãe, é que irão justamente constelar ou ativar o lado devorador e terrível deste, abrindo espaço então para que surja a pretensa "necessidade"

---

30 CAPRA, F., *O ponto de mutação: a ciência, a sociedade e a cultura emergente*, pp. 377-38

31 OLIVEIRA, R. D. de, op. cit., pp. 36-41.

Da submissão ao homem 43

de controle. Toma-se a parte pelo todo. Muitas vezes o excesso de proximidade de um pólo só do arquétipo também constela o pólo oposto . Na verdade a unilateralidade acaba por provocar um movimento compensatório conhecido por Enantiodromia*, que busca um equilíbrio dinâmico. Se no entanto levamos em consideração a bipolaridade do arquétipo e a real necessidade de vivência dos dois aspectos de forma não cindida ou desvinculada, e sim integrada, o dito controle transforma-se em aceitação, em não repressão, em possibilidade de continência. Há uma suavização nesta passagem, conseguida através de uma entrega maior às emoções e impulsos. Só podemos lidar com aquilo que tocamos, se não evitamos seu contato. E lidar não significa controlar, e sim conter no sentido de dar continência, incluir para poder tocar e ser tocado.

Acrescentaria aqui um certo receio, que acredito a mulher traga consigo, de perder o poder que tem no âmbito doméstico, como a figura centralizadora que é, caso ela realmente se disponha a repensar os papéis e tarefas socialmente demarcados. Abrir este espaço é, tanto para a mulher quanto para o homem, tocar no desconhecido. É dispor-se a experimentar, a revelar segredos, a abrir mão do já conquistado e seguro. Sem dúvida nenhuma, este rearranjo, esta busca de uma nova disposição requer deste casal a consciência do global da situação que vivem, mas, além disso, uma disponibilidade interna muito grande, uma cumplicidade e um compartilhar de processos passo a passo, a revisão do que é "da mulher" e "do homem".

Neste sentido, cabe à mulher dar ouvidos a estas vozes caladas em seu íntimo e que dizem respeito às suas emoções, seus sentimentos, seu lado mais impulsivo. Assim ela estará dando à luz aspectos inconscientes, e esta atitude por si só já é transformadora. Os "filhos" do trabalho também podem ser vividos como produtos de uma caminhada em direção à individuação*, como realização de uma meta individual a serviço da criação da consciência numa dimensão coletiva, sem perda ou afastamento dos aspectos básicos da feminilidade.

CAPÍTULO V

ALGUMAS OBSERVAÇÕES SOBRE ARQUÉTIPOS E DINAMISMOS PSÍQUICOS

Este capítulo traz algumas noções teóricas que nos auxiliarão a refletir sobre os pontos que vêm sendo levantados. Começaremos com o conceito de arquétipo, fundamental na abordagem simbólica a que nos propomos.

Segundo JUNG, quem primeiro notou que nos produtos da fantasia se fazem visíveis as "idéias primordiais" foi Platão. Seu mérito (de JUNG) estaria antes na demonstração de que os arquétipos, ou estas imagens primordiais universalmente difundidas, não são passadas pela tradição ou linguagem e independem de uma transmissão exterior.[32] Compreende o arquétipo como "A expressão que designa uma imagem original existente no inconsciente; (...) é um centro carregado de energia".[33]

Os arquétipos têm uma dinâmica própria, e dependendo do momento histórico e de toda uma conjuntura espaço-temporal e cultural podem ser mais ativados ou, ainda, alguns aspectos de determinados arquétipos podem se fazer mais presentes. Sabemos da sua existência através de suas manifestações. Elas nos atingem e nos impressionam.

---

32 JUNG,C. G., *"Los arquétipos y el concepto de anima"*. *In Arquétipos e Inconsciente coletivo*, p. 73.
33 JUNG, C. G., *O homem à descoberta de sua alma*, p. 389.

46   *Maternidade e Profissão: Oportunidades de Desenvolvimento*

Atualmente, na cultura ocidental vemos o predomínio marcante, e porque não dizer massacrante, do padrão patriarcal regido pelo arquétipo do Pai e uma desconsideração pelo feminino regido pelo arquétipo da Grande Mãe.

Segundo BYINGTON , o padrão de alteridade que estaria proposto no Mito Cristão — ele seguiria o matriarcal e o patriarcal quando eles estivessem já bem estabelecidos — sofreu um duro golpe na Inquisição, época em que foi defensivamente patriarcalizado. Seria dentro deste padrão que nos encontraríamos atualmente e, portanto, poderíamos falar em um dinamismo de alteridade cindido, no qual os mecanismos antagônicos conflitam: o dinamismo patriarcal, eminentemente guerreiro e opressor visa reprimir as polaridades, enquanto o dinamismo de alteridade, essencialmente dialético e criativo, visa conciliar as polaridades.

Para uma descrição mais detalhada dos dinamismos citados, recorro às definições do próprio BYINGTON a seu respeito:

BYINGTON descreve o Dinamismo Matriarcal como "Um Padrão Binário, caracterizado pela grande proximidade dos pólos do Eixo Ego-Self*, razão pela qual os símbolos têm seus pólos também muito próximos. É um padrão psíquico regido pelo Arquétipo da Grande Mãe e orientado pelo desejo e pela fertilidade, ideal para grande criatividade e adaptação às necessidades básicas de sobrevivência. Seu grande exemplo entre nós é o herói Macunaíma, que orienta sua identidade pela sensualidade e o prazer na busca da sobrevivência.

O Dinamismo Patriarcal seria um Padrão Ternário não dialético onde o Ego mantém sua separação do Inconsciente às custas de uma rígida discriminação entre o Ego e o Self padronizada pelo Arquétipo do Pai. Seu grande princípio de orientação é a causalidade, através do qual o Ego se orienta dogmaticamente para executar suas tarefas. Suas virtudes cultivadas são a competição, a coerência, a tradição, a palavra dada, a organização, a autoridade, a propriedade, a justiça, a ordem e o dever. Seu grande modelo são os heróis conquistadores como Agamemnom, ou legisladores, como Moisés.

Algumas observações sobre arquétipos e dinamismos psíquicos 47

O Dinamismo de Alteridade seria um Padrão Ternário Dialético ou Quaternário Dialético, onde a relação do Ego com o Self permite à consciência relacionar-se com as polaridades dos símbolos de forma dialética. O Ego pode vivenciar seus Arquétipos e também os do outro e inter-relacioná-los significativamente. O dinamismo de Alteridade é regido pelos arquétipos do *Animus**, da *Anima** e do *Coniunctio**, sendo caracterizado por sua capacidade criativa face ao confronto de opostos. Sua grande virtude é a manutenção da sua identidade e coerência, e deixar as coisas acontecerem, ao mesmo tempo que se abre democraticamente para o Outro a quem respeita basicamente, porque sabe que necessita dele para se complementar e não perder sua vivência de totalidade. Seu grande princípio de orientação é a sincronicidade. Seus heróis são aqueles que agüentam o confronto das polaridades vivenciadas significativamente dentro da unidade, através do processo de transformação, como Édipo, Cristo, Buddha, Gandhi e Lao-Tse."[34]

A compreensão destes padrões psíquicos é de grande importância para que possamos ter clareza de quais arquétipos estão determinando e sendo ativados na mulher hoje, e se as mudanças que se dão em sua vida evidenciam algum caminho em direção ao dinamismo de alteridade.

Para tentar investigar este campo há que se voltar o olhar ao feminino nesta mulher contemporânea, o quanto ele está sendo restaurado e reintegrado no seu mundo externo e interno. O trajeto a ser percorrido para a alteridade, BYINGTON o descreve com clareza: "A ultrapassagem do dinamismo patriarcal não está no dinamismo parricida-filicida, através do qual ele se mantém, mas na peregrinação ao feminino para resgatar o matriarcal indiscriminado e ferido e estabelecer uma nova relação do princípio masculino e feminino no ciclo de alteridade".[35]

Vivemos uma situação insatisfatória e confusa para homens e mu-

---

34 BYINGTON, C., "O desevolvimento simbólico da personalidade". In: Junguiana, vol. I, pp. 23-24.

35 BYINGTON, C., "Uma teoria simbólica da História", Ibid., p. 161.

lheres. Há uma necessidade atual de resgate do feminino. "Uma dimensão profunda convoca novamente à expressão ativa da feminilidade em ambos os sexos."[36] Mas esta nova forma de atividade feminina precisa inicialmente se fazer no plano interno antes de se manifestar externamente.

Uma outra autora cita também a busca do feminino como alternativa para a falta de sentido de que se queixam as pessoas em sua vivência cotidiana e que chega ao nosso conhecimento através da clínica. Segundo CORBETT , este vazio interior deve-se à perda da deusa, do contato do homem com uma dimensão espiritual e feminina. "Sem o feminino vital para contrabalançar o princípio patriarcal coletivo há certa esterilidade na vida."[37]

Depreendo destas citações o quanto é vital, de importância essencial para a vida — principalmente nos tempos atuais —, que se recupere o princípio feminino e o incorpore na vivência cotidiana como uma forma de contrabalançar, de compensar a exacerbação que se vive do princípio masculino. Toda vez que se vive apenas um lado das coisas, está-se criando um desequilíbrio. Necessariamente o lado "esquecido" deverá entrar em cena; portanto que o faça de modo construtivo.

A predominância do princípio patriarcal coletivo não diz respeito apenas ao domínio do homem sobre a mulher da forma como conhecemos, mas também à prevalência do masculino que rechaça e desvaloriza o feminino na mulher. Os padrões patriarcal , matriarcal e de alteridade apontam para uma diferença básica de **atitudes**. Nas colocações de BYINGTON podemos depreender que apesar do Ocidente ter um discurso de alteridade onde Cristo é um símbolo central, encontramo-nos vivendo segundo um padrão de alteridade cindido ou, não totalmente instalado, e introjetado, ainda com o modelo patriarcal prevalecendo de forma abrangente.

Podemos reconhecer na nossa experiência cotidiana a primazia dos

---

36 WHITMONT, E., op. cit., p. 205.
37 CORBETT, N. Q., *A prostituta sagrada*, p. 17.

Algumas observações sobre arquétipos e dinamismos psíquicos 49

valores patriarcais, na forma como o "fazer" se sobrepõe ao "ser", o alcançar ao vivenciar, o pensar ao sentir.

A propósito da mulher na civilização cristã da qual fazemos parte, VON FRANZ aponta para uma tradição estritamente patriarcal, onde:

"(...) Pode-se dizer que a Anima do homem é negligenciada e a mulher real é incerta a respeito de sua própria essência, seu próprio ser, do que ela é ou poderia ser. Sendo assim, ou ela regride a um padrão instintivo e se prende a ele, o que a protege da projeção que a civilização exerce sobre ela, ou ela cai no Animus e constrói uma imagem de si para compensar a incerteza dentro dela. Numa estrutura matriarcal, como no Sul da Índia, as mulheres têm uma confiança natural em sua própria feminilidade. Elas sabem de sua importância e que elas são diferentes dos homens de uma maneira especial, e isto não implica em uma inferioridade. Por isto podem afirmar seu ser e existência humanos de uma maneira natural".[38]

Vivemos um momento de transição, de fim de Era. Muitas são as mudanças visíveis a nível social, por exemplo: fim da Guerra Fria, queda do Muro de Berlim, movimentos ecológicos de alerta ao comportamento destrutivo do homem frente à natureza, a revisão que a Física se propõe enquanto paradigma das ciências, a descoberta do vírus da AIDS, etc. Trata-se, ao mesmo tempo, de um momento de construções de novas representações. Há que se tolerar a indefinição deste momento sem cair na tentação de recriar modelos e simplificar uma realidade complexa. Quais os reflexos disto tudo no universo feminino? Como se configura a atuação efetiva da mulher em todo este panorama mutável? Adentrando numa dimensão invisível, o que se passa intrapsiquicamente nesta mulher no presente momento? São inúmeras as questões que brotam e nos levam a estar atentos ao que se passa à nossa volta e dentro de nós mesmos.

---

38 VON FRANZ, M. L., *The feminine in fairytales*, pp. 2-3.

CAPÍTULO VI

MATERNIDADE E PROFISSÃO:
OPORTUNIDADES DE DESENVOLVIMENTO

Se pensarmos o desenvolvimento humano graficamente, do ponto de vista Junguiano, ele se dará de uma forma espiralada e não linear como poderíamos supor a partir do pressuposto de que o indivíduo nasce, cresce, se desenvolve e morre. Trata-se, antes, de um ciclo vital onde as questões humanas vão sendo tocadas e podendo ser vividas e revividas, com níveis diferentes de consciência a cada contato. O que desejo ressaltar aqui é a observação de que a questão feminina volta a ser enfocada atualmente, acrescida no entanto de uma nova possibilidade de compreensão, num novo "anel" da espiral evolutiva, se vivida de modo consciente. Parece-me que a maternidade e a opção profissional constituem-se para a mulher possibilidades efetivas de ampliação de consciência e, portanto, de desenvolvimento humano.

Quando o arquétipo do feminino é ativado através dessas vivências e tendo alguns de seus símbolos integrados à consciência, podemos falar não apenas de um desenvolvimento pessoal, mas também da contribuição dos aspectos mais individuais para um âmbito coletivo. Tomemos a maternidade como um símbolo de feminilidade por estar ligada à fertilidade, gestação, continente, atributos do feminino que na mulher se dão de forma concreta; e o trabalho ou a escolha e realização profissional como símbolos do masculino, por estarem ligados à conquista, à realização, à atuação externa, atributos estes

Maternidade e Profissão: Oportunidades de Desenvolvimento

que na nossa cultura estão marcadamente ligados ao homem. Temos, então, a mulher contemporânea vivendo ativamente o feminino e o masculino e tendo como tarefa a integração de dois universos.

Estes, se vividos de forma polarizada, podem levar ao desequilíbrio, ao abandono de um dos pólos e conseqüente prejuízo a uma unidade ideal. No entanto, se vividos de uma forma orientada para uma integração, a maternidade e a realização profissional podem levar, a partir da conjunção das polaridades masculina e feminina, a um desenvolvimento fundamental da mulher contemporânea.

Lancemos um olhar para o aspecto profissional. O trabalho externo aponta repercussões internas (tanto interno enquanto lar, no sentido de mais privado, menos público, como interno enquanto intrapsíquico). Ocorre uma espécie de pingue-pongue entre fora e dentro: o que vem de fora repercute dentro e isto por sua vez imprime algo novo no que vai ser colocado fora, criando assim um *moto continuum*. É como se a mulher exercitasse no trabalho e nas relações sociais alguns posicionamentos que irá pôr em prática também no seu contexto doméstico, e com isto fosse transformada interiormente. Assim, o próprio movimento de afastar-se um pouco do lar lhe dá uma nova condição de visão deste; e se ela assim o faz, é porque também cria condições psíquicas para tal.

Reivindicar um aumento de salário, por exemplo, pode trazer-lhe como benefício o exercício da sua auto-percepção e valorização do seu trabalho em casa, dando-lhe elementos para reivindicar também aí, se for o caso, uma maior justiça na divisão de tarefas. A busca de uma divisão de trabalho mais igualitária no âmbito privado do lar é "uma condição indispensável para superar a discriminação na esfera pública, e requer que o trabalho invisível se torne visível e consciente para a mulher, a família e a sociedade".[39]

Não quero dizer com isso que a mulher deva sair por aí reivindicando coisas para si, só por ter entrado no mercado de trabalho e ter percebido como as coisas funcionam. Isto seria uma análise super-

---

39 BRUSCHINI, M. C., op. cit., p. 63.

Maternidade e profissão: Oportunidades de desenvolvimento 53

ficial e leviana. Quero ir um pouco mais profundamente nisto e pensar que a ampliação de consciência caminha ou pode caminhar junto com o exercício daquilo que se **des-cobriu**. Todas as situações de vida podem servir a esse exercitar-se.

Do ponto de vista do envolvimento do homem e da mulher com diferentes aspectos da vida, parece haver um certo sentimento de "dever" da mulher ligado à casa e aos filhos, diferentemente do homem. É como se o homem ocupasse o seu espaço interno na sua maioria com o trabalho, e os outros assuntos lhe chegassem como 'o resto'. A prioridade número um seria sem dúvida o trabalho. Sente-se "cumprindo o seu dever" se responde satisfatoriamente a esta premissa. Já a mulher parece estar mais ligada a uma pluralidade de papéis e sofre as múltiplas interferências que aí se dão. O homem "naturalmente" delega à mulher a responsabilidade da casa e dos filhos e a mulher "naturalmente" aceita este encargo, do mesmo modo que "naturalmente" imputa ao homem o sustento da estrutura familiar, também "naturalmente" abarcada por ele.

O exercício do trabalho profissional pode instrumentalizar a mulher para esta sua vivência de diferentes papéis no sentido de agudizar sua capacidade de hierarquização de funções, divisão de tarefas, descentralização do poder, dentro de seu próprio lar. É um movimento em direção à quebra desta institucionalização do "natural".

Ocorre-me um exemplo curioso e divertido que ouvi não me lembro mais onde, mas que ficou vivo em minha memória, talvez pela sua capacidade de revelar com tanta graça isto que enfoco aqui como a assunção "natural" de valores e comportamentos.

Uma mulher observou durante toda sua infância e adolescência a mãe preparar o peru para o dia de festa e, ao fazê-lo, sempre cortar-lhe o rabo antes de introduzi-lo no forno. Assumiu isto como uma forma típica de preparação da ave, algo que fazia parte da receita da família. Ao constituir seu próprio lar passou a reproduzir o que havia aprendido com a mãe.

Um belo dia, o marido curioso por saber o porquê daquela manobra que lhe parecia tão sem sentido, perguntou à sua esposa qual a causa para tal. Esta lhe respondeu prontamente que tratava-se de um modo especial de preparo do prato e que passava de geração a geração.

Causou estranheza a ele, no entanto, quando numa tarde, quase que por acaso, observou a sogra preparando o jantar de Natal sem cortar a parte traseira do animal, como seria esperado. Resolveu perguntar-lhe porque não o fazia, uma vez que era algo a ser repetido para que fosse mantido enquanto identidade familiar! A sogra, não entendendo muito bem a sua surpresa, explicou-lhe que em sua casa anterior, quando seus filhos eram crianças, ela possuía um fogão cujo pequeno forno lhe obrigava, toda vez que ia preparar o peru de Natal para a numerosa família, a cortar um pedaço da ave para que finalmente coubesse no forno!

Tal história, além de pitoresca, faz-me pensar em quantas coisas assumimos como verdades e reproduzimos, e em como devemos constantemente nos exercitar na reflexão (no sentido de re-fletir enquanto virar-se para trás, re-ver) e no questionamento do que nos é tão "natural".

A mulher não se livrou do seu trabalho doméstico ao dirigir-se ao mercado de trabalho, e sim adaptou-o ao seu novo cotidiano. Mas, como vimos, para que haja uma alteração efetiva e profunda na relação da mulher com seu lar e seu cônjuge, é necessário mais do que uma atuação, uma saída ao trabalho fora. É preciso uma disponibilidade interna e um grande empenho , fato que não é tão freqüente quanto gostaríamos.

Para se obter esta disponibilidade há que se penetrar no íntimo desta mulher (deste homem), no qual se encontrará um modelo ainda vivo e atuante de uma mãe disponível à maternidade e ao lar tempo integral. A mulher desta geração, ainda identificada com o papel desempenhado por sua mãe — e avó, e bisavó, etc, etc — sente-se em conflito com o seu desejo de modernidade e de dar vazão a seus projetos profissionais. É como se quisesse vestir uma roupa nova mas se desse conta que ainda traz colada ao corpo uma série de outras

Maternidade e profissão: Oportunidades de desenvolvimento   55

roupagens antigas, e que tal sobreposição acaba por lhe tirar a mobilidade tão desejada. O "trabalhar fora" parece apontar para a necessidade de um "trabalhar dentro".

Como vemos, estamos o tempo todo desarticulando dicotomias. Parece tratar-se de algo característico quando nos propomos a rever posições. Se ficar no âmbito do lar pode ser sentido pela mulher como um confinamento num modo mais coletivo de funcionamento, onde estaria menos consciente de sua individualidade, a busca da realização profissional irá tocar justamente num ponto pouco ativado até então, o da sua potencialidade enquanto um ser singular, exigindo dela um trabalho de diferenciação. Mas até que ela possa ter-se libertado do antigo padrão...[40]

Penso que se a mulher puder encarar estas experiências de forma consciente e vivê-las de forma plena estará na verdade dando um passo no seu desenvolvimento. Na acepção de JUNG, o processo de desenvolvimento humano impele o indivíduo a realizar as suas potencialidades e a experimentar o Self como centro regulador da psique. Nomeia este processo como individuação*.

Isto se dá quando o indivíduo tem como elemento central de suas experiências o Significado. Todas as experiências humanas passam a ser vistas como oportunidades de desenvolvimento e a todas elas a pessoa se coloca a questão: "O que esta situação me traz?", "Que sentido ela tem para mim neste momento?". Pode parecer simples responder a estas questões, mas certamente não é. Implica em um envolvimento total da pessoa com seu próprio processo, uma atenção constante aos fatos e suas repercussões internas a nível de emoções, sensações, pensamentos, imagens, e a coragem de encarar o que todas estas situações estão revelando, transformando isto em ação efetiva. Ser leitor do próprio processo e ter consciência da onipresença do Self é fruto de muito trabalho e dedicação.

---

40 Friso novamente que, como recurso para um aprofundamento maior no tema aqui proposto, estarei focando preferencialmente a mulher neste processo, sem descartar no entanto a participação do homem em todo este movimento, uma vez que a maternidade pode ser entendida aqui enquanto símbolo.

56   Maternidade e Profissão: Oportunidades de Desenvolvimento

Sendo que as mudanças coletivas se dão na conjugação de transformações individuais significativas, onde cada um contribui com sua trama própria na feitura de um grande tecido humano, torna-se particularmente significativa a vivência consciente de cada mulher — e aí eu também me incluo — enquanto participante promotora deste movimento na espiral da vida.

Coloco tanta ênfase na importância da consciência porque acredito ser ela fator absolutamente indispensável neste processo. A mulher não deixa de viver as experiências que lhe são propostas no campo da maternidade e da profissão se não as conscientiza. No entanto, o faz de modo natural e espontâneo, muito à vontade inclusive, no seu universo feminino. Mas se ela se apodera dos conteúdos envolvidos nestas experiências, se toma em suas mãos sua própria vivência, dá um rosto, um corpo próprios a algo antes amorfo, e torna-se companheira de seu processo, não apenas sua espectadora.

Como no sonho que temos à noite e que, por preguiça, displicência, pressa ou qualquer outro motivo, deixamos de anotar ao despertarmos, e que, apesar de parecer-nos tão vívido, se perde rapidamente como num passe de mágica. O material inconsciente que se nos ofereceu ali e que poderia, se apreendido e aprofundado, trazer uma ampliação da consciência, esvaiu-se. Certamente ele retornará em outros momentos, de outras formas. Mas uma oportunidade foi perdida. Se no entanto, com todo trabalho e dedicação exigidos neste ato, registramos as imagens, nossas impressões, elas passam a nos auxiliar na nossa busca de compreensão de nós mesmos.

"Cada experiência humana, na medida em que é conscientemente vivida, aumenta a soma total de consciência no Universo. Esse fato proporciona sentido a todas as experiências e dá a cada indivíduo um papel no drama mundial e permanente da criação."[41]

Falo, portanto, de uma consciência que não deve ser de forma alguma confundida ou reduzida à razão. Antes, ela deve ser entendida como a visão de mundo do indivíduo; aquela dimensão psíquica que abarca

---

41 EDINGER, E., *Ego e arquétipo*, p. 32.

Maternidade e profissão: Oportunidades de desenvolvimento 57

as quatro funções de Ego (pensamento, sentimento, percepção e intuição), tem o Ego como centro, e não se pretende em nenhum momento ser maior que o Inconsciente, cujo contato é a fonte primeira de sua existência.

Parece-me, a partir de minha vivência pessoal e clínica, do meu contato com mulheres dentro das especificações já anteriormente citadas, que a mulher hoje tem maiores condições de optar de forma mais consciente pela maternidade e pela atividade profissional, o que lhe instrumentaliza melhor no seu caminho para uma individuação, e tende a evitar que sua atitude seja somente a ressonância de um padrão assimilado. Isto não significa que não existam mulheres que simplesmente repitam o padrão da maternidade e tenham filhos "porque sim", "porque todo mundo tem", "porque tem que ter", etc., ou que também trabalhem respondendo igualmente a um padrão de "ter que". A minha intenção não é atribuir um valor a esta ou aquela mulher. Mas a oportunidade da escolha consciente para a experiência destas duas dimensões está posta. É uma questão de vivê-las conscientemente e usufruir destas possibilidades em benefício do próprio desenvolvimento.

"O materno é um aspecto do arquétipo feminino que precisa ser elaborado no desenvolvimento da mulher seja através de uma maternidade física ou não. Uma vez constelado o arquétipo materno, a mulher tem que confrontá-lo, ser regida por ele, passando pela transformação psíquica de menina-moça para mulher-mãe, num sentido mais amplo, de gerada para geradora, de criatura para criadora.

Esta questão não se limita ao desenvolvimento da mulher, mas também se coloca para o desenvolvimento do homem, referindo-se à reconexão com a consciência matriarcal".[42]

---

42 GALLBACH, M. R., *O arquétipo materno na gravidez*, p. 30.

A maternidade aqui pode ser vista não apenas do ponto de vista físico e biológico, mas também do ponto de vista simbólico. De alguma forma, a mulher que vai em busca de um trabalho ou de uma realização profissional está iniciando um processo de "maternidade" de si própria. Busca fora, na atividade, na atuação, na conquista de um mercado de trabalho, no desempenho de uma função, na remuneração, algo que a alimente material e espiritualmente — novamente, se a realização e a busca de significado dentro da sua atividade for uma meta consciente. Ser mãe de si mesma significa neste momento poder sustentar-se, fazer escolhas, movimentar-se com maior liberdade no âmbito dos seus desejos, independer de uma proteção externa e poder cuidar da realização destes desejos, de suas metas e projetos.

CAPÍTULO VII

GAIA - A TERRA MÃE

A título de amplificação, introduzo aqui o conceito de "Gaia" no intuito de revelar o quanto todas as questões que estão sendo aqui levantadas vão se tocando e desenhando um leque de possibilidades de abordagem do feminino. Dentro da visão Junguiana as amplificações são bem-vindas, uma vez que elas tratam de buscar no coletivo um material que ilustre e esclareça o que está se passando no nível pessoal. A sintonia que se observa entre o microcosmo e o macrocosmo, entre o coletivo e o individual, entre o mitológico e o vivencial nos dá mostras daquilo que vem a ser a totalidade, e nos convida a sermos "elásticos" e usufruirmos dos dois pólos para incrementarmos a nossa compreensão do humano.

O termo **Gaia** significa Terra. Em geral, nas definições do termo o planeta se encontra identificado com o elemento. Se pensarmos que a Terra é constituída em grande parte de sua extensão por água, poderíamos supor que tal associação se faz sem sentido. No entanto, devemos lembrar que as águas representam a indiferenciação em oposição à terra, que representa a diferenciação, a possibilidade de dar forma. A gênese do homem está visceralmente ligada a esses dois elementos. Na Bíblia, Deus modela o homem a partir do barro — terra e água. Ambos estão presentes: o que sustenta e o que liga. Talvez seja a partir deste caráter de sustentação que se dê a dita associação, sendo a Terra o grande sustentador da vida.

Encontrei ressonância destes pensamentos quando busquei em CHEVALIER e GHERBRANT o item "Terra". Citando o I-CHING, eles sublinham que "a Terra sustenta, enquanto o céu cobre.

Todos os seres recebem dela o seu nascimento, pois é mulher e mãe, mas a terra é completamente submissa ao princípio ativo do céu. Positivamente suas virtudes são doçura e submissão, firmeza calma e duradoura". Dando continuidade, afirmam que "seria necessário acrescentar a humildade, etimologicamente ligada ao humus, na direção do qual a terra se inclina e de que foi modelado o homem. Identificada com a mãe, a terra é um símbolo de fecundidade e regeneração".

"Segundo a teogonia de Hesíodo, a terra (Gaia) pariu até o Céu (Urano), que deveria cobri-la em seguida para fazer nascerem todos os deuses. Estes imitaram esta primeira hierogamia, depois os homens, os animais; revelando-se a terra como a origem de toda a vida, foi-lhe conferido o nome de Grande Mãe".

E ainda "A terra fértil e a mulher são freqüentemente comparadas na literatura: sulcos semeados, o lavrar e a penetração sexual, parto e colheita, trabalho agrícola e ato gerador, colheita dos frutos e aleitamento, o ferro do arado e o falo do homem".

"Para os Astecas, a deusa Terra apresenta dois aspectos opostos: é a Mãe que alimenta, permitindo-nos viver de sua vegetação; mas por outro lado precisa dos mortos para alimentar a si mesma, tornando-se, desta forma, destruidora."[43]

Em BRANDÃO , vemos que Gaia ou Géia (Terra) une-se a Urano (Céu) e têm como descendentes os Titãs, Titânidas, Ciclopes, Hecatonquiros e os que nasceram do sangue de Urano. "Os Titãs simbolizam as forças brutas da Terra e, por conseguinte, os desejos terrestres em atitude de revolta contra o espírito. (...) Juntamente com os Ciclopes, os Gigantes e os Hecatonquiros representam as forças selvagens e insubmissão da Natureza nascente, prefigurando a primeira etapa da gestação evolutiva. (...) A união de Urano e Géia é o que se denomina uma **hierogamia**, um casamento sagrado, cujo objeto precípuo é a fertilidade da mulher, dos animais e da terra. (...)

---

43 CHEVALIER, J. - GHERBRANT, A., *Dicionário de símbolos*, pp. 879-880.

Gaia - A Terra Mãe   61

Atualiza a comunhão entre deuses e homens."[44]

A oposição de que se fala está presente também na noção de arquétipo, já anteriormente citada como aqueles padrões universais oriundos do inconsciente coletivo e que se fazem perceptíveis à nossa consciência apenas por meio de imagens ou idéias. Assim, o arquétipo da Grande Mãe conteria tanto a mãe que nutre, quanto a que destrói. Tal oposição não é algo a ser resolvido para um lado ou para outro; antes, são lados de uma mesma moeda que devem ser vividos simplesmente, na busca de compreensão e abarcamento em direção a uma experiência de algo mais total e inteiro. A concepção de mundo aqui presente implica numa visão evolutiva cíclica e não linear, onde as pontas de início e fim de uma linha se tocam numa elipse e onde a morte, a volta ao húmus, traz a possibilidade de regeneração.

Já a oposição heróica a um aspecto da mãe — no caso a mãe-Natureza — leva a uma vivência cindida e conseqüentemente o lado negado toma vultos assombrosos, provocando reações defensivas em direção à dominação e conquista. O homem na sua ânsia de domar a natureza, não somente em seu aspecto cruel, bem sabemos, perde a dimensão ou a noção de amplidão do universo com que está lidando e torna-se absolutamente egocêntrico, auto-referente. Trata-se de um modo de se colocar frente às coisas com conseqüências bastante graves.

Segundo Hesíodo [45]"com o desenvolvimento da consciência, o homem afastou-se de vivenciar na terra, na natureza, seus conteúdos anímicos internos; foi possível a divisão interno-externo, objetivo-subjetivo. A evolução de uma participação mística* com a natureza, para tê-la como algo diferenciado de si, proporcionou toda pesquisa e conquista da natureza, mas às custas da perda da alma da natureza. O homem perdeu seu envolvimento, sua participação emocional nos eventos naturais, que até então tinham um significado simbólico para ele, sentindo-se isolado no Cosmos".

---

44 BRANDÃO, J. S., *Mitologia grega*, vol.I, p. 195.
45 Citado em GALLBACH, M. R., op. cit., p. 63.

É curioso notar como estas idéias ganham força quando as ligamos ao que JUNG falava nos *Seminários das visões,*[46] *chamando atenção para a diferença do desenvolvimento da consciência no Oriente e no Ocidente. Enquanto no primeiro o contato com o universo feminino é constante e cotidianamente vivenciado e a espiritualização se dá num movimento ascendente, no Ocidente, onde a consciência se desenvolveu muito calcada em valores masculinos, de Logos*, num modo racional e prático, o mesmo movimento em direção a um sentido maior deve ser descendente. Freqüentemente nos esquecemos deste* "pequeno detalhe" quando tentamos simplesmente imitar as práticas orientais. O nosso trabalho, não devemos nos esquecer, é justamente o restabelecimento do contato com a terra e com o feminino.

Neste sentido, penso que o que usualmente conhecemos como movimento ecológico — ou todas estas mobilizações de luta e proteção dos ecossistemas ameaçados pelo "progresso" do homem moderno — pode ter um significado mais amplo do que simplesmente um movimento político ou social. Ele refletiria uma tendência humana de ida ao reencontro com a dimensão natural da qual se abriu mão num determinado período da evolução, e que agora constitui uma valiosa possibilidade de recuperação de uma dimensão divina, de cuja falta o homem contemporâneo se ressente. Agora não mais "participação mística", diálogo de inconscientes, mas integração de aspectos obscuros e diferenciação.

Assim, o movimento ecológico se constituiria em um aliado da mulher, na sua busca em esclarecer a ausência de sentido da oposição Civilização e Natureza.

A ligação da atenção centrada em Gaia e a questão feminina se faz no momento em que se percebe o quanto os seus simbolismos são convergentes. Toda a história da dominação da mulher está relacionada à dominação da Natureza, da necessidade de conquistá-la e explorá-la. Há um movimento que, repito, se faz necessário, de

---

(46) JUNG, C. G., *The visions seminaris*, p. 136.

Gaia - A Terra Mãe 63

retorno ao feminino e à matéria no sentido de restabelecer um contato que ficou esquecido ou contido neste enorme período de conquistas.

A proposta de usarmos nossos recursos tecnológicos adquiridos com esforço e determinação para um progresso mais humanizado, ligado ao bem-estar e à construção de uma vida mais plena de satisfação e sentido é, na verdade, no plano psíquico, do ponto de vista Junguiano, o uso dos valores masculinos de Logos — capacidade de discriminação, de objetivação, de agudeza de idéias, de movimento à ação — conjugados com valores de Eros — capacidade de ligação, de busca de prazer, de funcionamento rítmico e cíclico, de envolvimento, de respeito por aspectos mais intuitivos. Este profundo compromisso com o que é nosso, esta vivência de Gaia não como uma nave onde somos meros passageiros, mas como algo maior que é ao mesmo tempo parte de nós e que nos contém, aponta para um posicionamento perante a vida que não é algo dado, gratuito, mas sem dúvida nenhuma conquistado a partir de uma experiência intensa conosco mesmos. É nosso trabalho buscar esta consciência para que possamos efetivamente estar humildemente compromissados a uma luta que diz respeito a nós mesmos, enquanto seres humanos, filhos de Gaia.

CAPÍTULO VIII

O QUE AS MULHERES TÊM A DIZER

A partir de algumas entrevistas que realizei com mulheres de classe média,[47] entre 30 e 40 anos, todas mães e exercendo uma atividade remunerada, pude recolher um material precioso que me serviu de fonte de reflexão.

A escolha deste grupo tem relação com um chamado a explorar o que há além da aparência. Há muitos estudos dirigidos a mulheres no contexto rural, ou mulheres de baixa renda que habitam os grandes centros urbanos, geralmente na periferia, ou ainda mulheres operárias. Pouco se falou da mulher de classe média, que teve acesso a uma instrução de nível universitário, com as características do grupo descrito, talvez pelo fato exatamente de esta mulher estar localizada numa faixa da população considerada média, "normal", adaptada.

No entanto, existem estudos[48] que apontam para a possibilidade de se verificar uma maior ressonância dos valores ditos "feministas" na camada média da população. O que nos importa observar é que trata-se de uma classe que impulsiona mudanças nos padrões de comportamento, e que se mostra capaz de realizar transformações efetivas em seu dia-a-dia.

---

47 De acordo com o "Esquema de caracterização sócio-econômica" de GUIDI e DUARTE, todas as entrevistadas se enquadram na categoria "Classe social média superior".

48 Consultar Capítulo II.

Esta mulher que enfocamos também é um ser histórico, com um importante papel tanto no âmbito público, social, onde efetiva seu projeto profissional, quanto no âmbito privado, doméstico, onde tece uma rede de relações que lhe são tão caras. Abre-se então um campo a ser explorado, onde a investigação nos leva certamente a novas descobertas.

Para que cada leitor pudesse acompanhar e também identificar-se com as colocações das mulheres entrevistadas, decidi manter não as entrevistas em sua íntegra (os interessados nesse material poderão encontrá-lo nas bibliotecas universitárias), mas o conteúdo dos encontros, apresentados de forma sintética e comentada.

Todos os nomes verdadeiros foram substituídos por nomes fictícios e alguns fatos foram suprimidos para preservar a privacidade de cada entrevistada. O interesse maior é que possamos ir nos identificando com cada uma dessas mulheres, ou com diferentes situações pelas quais elas passam e como passam, no intuito de nos colocarmos em contato conosco mesmos e detonarmos dentro de nós o processo de reflexão e de autopercepção.

Julguei interessante incluir em anexo o que chamei de Roteiro de Entrevista, e que são as questões propriamente ditas que essas mulheres gentilmente se dispuseram a responder. Faço assim um convite ao leitor para que também ele se coloque essas perguntas e possa exercitar um breve contato consigo próprio.

Através do material que se seguirá tentaremos refletir sobre a questão central, a saber:

- Quais são as maneiras que algumas mulheres de uma determinada faixa de idade e nível sócio-econômico-cultural encontram para lidar com esses dois pólos, a Maternidade e a Profissão?

- Como se dá essa conciliação? O que podemos depreender daí?

O que as mulheres têm a dizer

Talvez seja importante desde já esclarecer o que se entende por "conciliação".

Se tomarmos a maternidade e a profissão como símbolos, podemos nos aproximar dessas duas facetas como representantes simbólicos do mundo da mãe e do mundo do pai, respectivamente. Assim, poderíamos entender "conciliação" como uma maneira harmoniosa de vivência destes dois pólos, onde a direção apontada seria a do desenvolvimento pessoal possível através da integração de polaridades. Estar-se-ia tocando também na questão da integração do Animus* na mulher, assim como na possibilidade de contato com o mundo feminino regido por Eros*. O que chamo de conciliação, portanto, tem esse caráter de encontro ou de busca, pelo menos, de uma vivência consciente de união, de conjugação das polaridades, tendo como pano de fundo o sentido, o significado.

ANA

Ana tem trinta anos, está casada há dez , tem um filho de nove anos e estava no quinto mês de gestação quando foi entrevistada. Trabalha dez horas por dia com o pai e descreve a mãe como uma "mulher de antigamente", ou seja, fazendo parte do conjunto de mulheres que criaram os filhos e só então foram fazer alguma atividade, com o fim de preencher o tempo.

Ana se diz criada para ser uma profissional e não depender de ninguém. Este valor foi fortemente incutido em sua educação e faz uma distinção entre "profissão de mulher" como "vender uma coisinha para quebrar o galho" e "ser uma profissional mesmo (...) exercendo esta profissão". O casamento e a constituição da família também são valores presentes na educação, mas sem a necessidade de serem tão marcados como o é a profissão. Parece ser algo tão sólido, que deve permanecer inabalável mesmo com as brigas, no colorido emocional que tiverem.

A figura da mãe enquanto modelo é a mulher batalhadora, lutadora, originária de um lugar onde as diferenças de gênero ficam atenuadas devido à estrutura cultural do país.

Esses aspectos são valorizados por Ana. Ao mesmo tempo, surge uma ambigüidade: quando Ana comenta a dupla mensagem contida no ingresso da mulher no mercado de trabalho como algo que é suavizado, fala com ironia sobre ir "trabalhar um pouquinho": "leva uma sacolinha, vai vender ..." No entanto é exatamente esta atividade que sua mãe exerceu depois de casada, no Brasil. Parece que o valor que a mãe passa enquanto história é apreendido e valorizado, ao mesmo tempo que a atividade concreta da mãe é vista como algo menor.

70 *Maternidade e Profissão: Oportunidades de Desenvolvimento*

Ana nos mostra claramente ser uma mulher que prioriza a profissão, vinculando o seu desenvolvimento pessoal ao que conquistou em termos profissionais. Desde sua formação educacional, a profissionalização era considerada um valor e uma meta. Ana não apenas incorpora mas também se identifica com valores como o trabalho, o patrimônio, o salário, o desempenho. Busca estudos em áreas das ciências "Exatas" e classifica o trabalho em "trabalho de homem" e "trabalho de mulher". Há uma nítida desvalorização do que chama "trabalho de mulher".

O que chama atenção na entrevista de Ana é a discrepância entre a energia que dedica a uma área (a do trabalho) em detrimento da outra (a da maternidade). Nota-se um distanciamento na vivência de Ana da maternidade, como se procurasse se defender desse contato mais próximo e envolvente. Veste-se e desveste-se do papel de mãe, desempenhando-o como pode, geralmente nos momentos em que julga imprescindíveis. Não se sente em suas colocações um envolvimento e uma valorização deste lado.

A primeira gravidez não foi planejada e foi recebida por Ana com tristeza, preocupação e até mesmo depressão. Chega como algo que a conscientiza de si mesma, a respeito do que fez até o momento para si própria, e constata que viveu muito em função do marido, tendo se nutrido pouco. Por um momento dá-se conta também do poder da Natureza presente na concepção, um mistério superior do qual participa.

Já a segunda gravidez se constituiu como uma decisão absolutamente racional, e quando é consultada sobre a sua real disponibilidade para ter filhos responde com uma negativa. Ela própria diz que não tem um "instinto maternal exacerbado", explicitando uma restrição do espaço interno para esses conteúdos. A dificuldade que Ana encontra para responder à questão sobre o significado do filho em sua vida é bastante reveladora nesse sentido. É curioso notar que trata-se de uma mulher em pleno processo biológico de ser mãe e usualmente o que encontramos em processos de gestação já no quinto mês como o de Ana é um envolvimento total com o tema. As preocupações geralmente giram em torno do bebê, do futuro, das mudanças que a

O que as mulheres têm a dizer 71

chegada de uma criança causará na vida, a relação com o filho mais velho e a perspectiva de um irmão, etc. Em Ana isso está ausente.

O segundo filho foi planejado apesar de "(...) conscientemente (...) não ter vontade de ter outro filho". Ele vem para fazer companhia ao primeiro filho e amenizar a relação dos pais com este, que temem seja sufocante em função da sua ligação intensa. Ana diz que é "uma decisão mais fria, calculista". Questionada sobre as suas expectativas em relação ao futuro, ao seu projeto, não cita o seu futuro imediato que é a maternidade. Certamente o seu projeto não é o filho. Em seu discurso tão pouco há referências a sentimentos como prazer, divertimento, brincar, ou o que se aprende na relação com um filho, o que se "cresce", nada que se aproxime de uma vinculação ou um exercício de maternagem mais afetivo. Verbaliza que o trabalho está em primeiro lugar, enquanto o marido e o filho estão em segundo.

Não nos esqueçamos que existe uma dimensão coletiva, cultural, da qual todos nós fazemos parte, onde podemos observar um momento ainda incipiente de transição de padrões de consciência e de início de questionamento dos modelos existentes, na tentativa de construção de algo novo. Mas há também uma dimensão pessoal onde se insere o modo como Ana se posiciona nas suas relações e no trabalho. Não se pode negar em Ana todo um esforço em se constituir enquanto mulher trabalhadora, que exerce uma atividade produtiva. Na verdade parece existir uma identificação com os valores ditos "masculinos", que suplantam os "femininos".

Há uma escolha consciente pelo trabalho, e não há nada que se pareça com uma imposição ou falta de opção. Traduz o "feminino" como "coisas de mulher", que vão ocupar o espaço do trabalho. Portanto, um e outro são excludentes. Junto à desvalorização do feminino parece haver uma tentativa racional de entrar em contato com esse lado, como no comentário: "Vou precisar aprender a não trabalhar" (quando tiver o bebê).

Parece esquivar-se do que diz respeito a ser mãe e vê-se que a permanência no mundo paterno transforma-se num complicador, uma vez que Ana permanece filha. O seu desenvolvimento em direção a se constituir uma mulher fica empobrecido e a independência que poderia advir do trabalho é ambígua: Ana é filha do próprio patrão, o que é por si só uma situação protegida; o fruto do seu trabalho não entra como uma contribuição ou partilha na relação do casal e sim fica para gastos pessoais, o que, em última instância ocorre naquelas situações que classificou anteriormente como "trabalho de mulher". Aparentemente realiza um "trabalho de verdade", ou talvez possamos mesmo falar em um "trabalho de homem" em contraposição ao "de mulher" visto como menor:

Ana dedica grande parte de seu tempo ao trabalho, muitas vezes até mesmo o tempo em casa com a família, que é invadido por preocupações remanescentes do dia ; trabalha dentro da área na qual se profissionalizou; é remunerada. Mas, concretamente, todo o contexto em que este trabalho está inserido, como já viemos assinalando anteriormente, aponta para muitas contradições ao que idealmente Ana valoriza. Talvez a contradição mais flagrante no discurso de Ana seja na sua descrição da mãe, onde dá uma atenção especial ao fato de ela ser diferente das mulheres brasileiras, mais avançada, com uma concepção de trabalho e participação social mais desenvolvidas, sem se dar conta que concretamente a mãe se encaixa no rol das mulheres que exercem atividades consideradas por Ana como menores, não profissionais, uma vez que depois de casada ela trabalhou como autônoma vendendo roupas.

Portanto, a vivência da polaridade feminina simbolicamente representada aqui pela maternidade implicaria que Ana entrasse em contato com seu complexo materno e tocasse em pontos como a maternagem, a possibilidade de se vincular, de usufruir do contato, de experienciar regras e horários não tão rígidos, além de situações e emoções totalmente diversos do que se permite atualmente. Sem adentrar muito mais nesse campo, estas são hipóteses que se depreendem do próprio contato a partir da entrevista, e que poderiam ser aprofundadas e trabalhadas mais verticalmente caso se tratasse de um trabalho analítico num contexto terapêutico. O que nos interessa neste momento é apenas obter com alguma clareza um retrato de como Ana está lidando com essas duas facetas da vida, que atualmente adquirem uma importância tão central. Ana parece conduzir essas duas vivências defendendo-se de um pólo e valorizando o outro. A forma como a vida se proporá a ela de modo que encare a polaridade excluída somente o seu processo dirá.

GABRIELA

Gabriela tem trinta e oito anos, está casada há dezessete e tem dois filhos: um menino de quinze e uma menina de nove anos. Trabalha oito horas por dia.

No decorrer de todo seu relato a questão econômica irá ter uma importância significativa. Gabriela vem de um modelo familiar onde o homem trabalhava e a mulher ficava em casa. Descreve o pai como aquele que controlava o dinheiro da casa e associa a sua vivência das discussões dos pais em torno dos gastos com a casa à sua decisão de não ser dependente de nenhum homem. Essa independência veio no momento em que ingressava na faculdade.

Se por um lado o controle financeiro da casa estava nas mãos do pai, o controle da educação, da "formação moral", digamos assim, estava com a mãe: "Minha mãe tinha um bruta controle (...). Então eu tive assim uma educação bem rígida". A reação a esse controle era de aceitação, de conformismo e aí o casamento surge como possibilidade de independência. Portanto vemos que os dois aspectos — profissão e casamento — parecem ser vividos por Gabriela como oportunidades de libertação frente a um controle rígido exercido pelos pais.

No entanto, ocorre uma interligação desses dois aspectos que a levam novamente a uma situação de dependência quando do casamento. "Não posso ter meu dinheiro só para mim," diz Gabriela separando esse pequeno período onde "era dona do meu nariz" da fase que se sucedeu, onde necessita entrar integralmente com o fruto do seu trabalho no orçamento da casa.

Com a chegada da maternidade coloca-se no "fim da fila" no que diz respeito a dar-se coisas. Parece obedecer uma lei interna quando diz: "Quero comprar um negócio para mim, roupa para mim e **não posso**; primeiro para as crianças (...)". É curioso como surge aqui um desejo de que o marido ganhasse mais para que ela pudesse ter o seu dinheiro só para si. Parece-me que fantasia uma situação de volta à condição de solteira dentro do casamento. O marido ganhando o suficiente para sustentar a casa e os filhos a deixaria livre para usufruir do seu próprio dinheiro, sem que ela tivesse que abrir mão de seus desejos e necessidades em favor dos desejos e necessidades dos filhos. Esta "liberdade" é semelhante à vivida no período de solteira. Talvez ali tenha podido realmente sentir a independência desejada e perdida na maternidade, já que esta traz em si embutida a questão da dependência em toda a sua magnitude. Vai-se desenhando assim uma situação de insatisfação e certa tensão que culmina com a afirmação de que "A gente nunca está satisfeito".

A motivação para o trabalho é a necessidade do dinheiro para a sobrevivência dentro dos padrões escolhidos, mas também a necessidade de não ficar em casa, uma vez que isto é sentido como "ficar à toa, sem fazer nada". Neste momento se percebe controladora dos filhos, ansiosa, e vê na sua eventual permanência em casa um perigo de "sufocamento" dos filhos por excesso de controle. Talvez seja oportuno nos recordarmos que Gabriela traz dentro de si o modelo de sua mãe também sentida como controladora; ficar todo tempo em casa representaria identificar-se com ela.

A importância do trabalho para Gabriela está diretamente ligada àquilo que ele proporciona em termos de bens (apartamento, carro, escola). Mas fala também de um outro trabalho: o de manutenção da estrutura de casa-filhos-trabalho. Esse acúmulo de tarefas parece vir como algo dado — "Você **tem que** cuidar da casa, você **tem que** trabalhar, pensar na casa, pensar no que vai no almoço, (...) tudo você **tem que** pensar!"— e acaba sendo sentido como uma carga cuja causa diz desconhecer.

Sente que o território feminino é a casa, e o marido entra como um auxiliar, já que é imperativo que ambos trabalhem para manter o padrão de vida que têm.

O que as mulheres têm a dizer 77

As fantasias em torno da possibilidade de não trabalhar vão em direção ao seu modelo parental: Imagina-se "infernizando" o seu marido pedindo dinheiro a ele, imagem que se assemelha à sua descrição da relação dos pais. Como alternativa a isto vem uma situação mágica : Ganhar na loteria ou casar com um homem rico. Talvez um príncipe ... eu diria. O trabalho é algo que está de tal maneira aderido à sua realidade que a simples menção de sua ausência a transporta para um mundo de sonhos.

É nesse mundo que também se encontra a gravidez, "um mito maravilhoso". Mas novamente a realidade vem para destruir esse mito e revelar que as dificuldades são muito maiores do que supunha: "(A gente) sabe que é 'barra', é pesado, mas não imagina quanto que é". As dificuldades apontadas são de cuidar de uma criança, de não dormir, dificuldades de arrumar empregada, de deixar a criança com a empregada, de ter que voltar a trabalhar.

A afirmação de Gabriela de que "Chega um certo ponto na vida de um casal que eu acho que é bom a vinda de uma criança" é um tanto vaga, sem que saibamos ao certo o que caracteriza como "bom" e que momento é esse ao qual se refere.

A chegada do primeiro filho é sentida, em termos de mudança, como restrição à liberdade do casal, restrição essa que vai se intensificando conforme a criança cresce. Volta a lembrança do tempo de casada sem filhos e parece se referir implicitamente à liberdade que o casal tinha de escolher a hora e o local de estarem juntos. Os filhos restringem a vida sexual do casal ao quarto de portas trancadas. São sentidos, pois, como uma interferência no mundo de relação do casal. Ou estão do lado de lá da porta ou estão no meio do casal requisitando da mãe uma atenção e preocupação que podem até desembocar numa separação.

A força desta vivência em Gabriela é tão grande, que ela é categórica na sua constatação de que é um engano acreditar que a vinda de um filho melhora a vida: "Mulheres que engravidam achando que o casamento vai melhorar, eu acho que é muito pelo contrário! (...) se não tomar cuidado ... separa".

Certamente Gabriela se refere aqui a um fato que vemos ocorrer muitas vezes, onde a mulher usa da sua condição de gestante — às vezes até fica grávida premeditadamente com essa intenção — no intuito de trazer o homem para mais perto dela, tentando fortalecer o vínculo conjugal através de um novo vínculo, com o bebê. Às vezes o próprio casal toma a decisão de investir na relação por essa via. O alerta que Gabriela parece querer fazer é de que na maioria das vezes a escolha dessa forma de enfrentar os problemas, em uma relação que dá sinais de deterioração, é equivocada e pode levar a mais desencontros e sofrimento. Penso que, na verdade, esse "atalho" mostra uma incapacidade do casal de encarar as suas próprias dificuldades e correr os riscos de um eventual fim do relacionamento.

Voltando a Gabriela, o significado do filho em sua vida, ela o expressa basicamente através da palavra **preocupação**. Os filhos vão crescendo e a preocupação vai tomando formas diferentes, mas está ali, sempre presente. Fala também em "preenchimento da casa", em companhia, possibilidade de se atualizar, de "abrir a mente" com suas conversas.

Quando perguntada sobre como seria "não ter filhos", Gabriela diz que seria "sem graça", e em seguida enumera uma série de possibilidades que ela e o marido teriam de obtenção de prazer. É um dos poucos momentos da entrevista em que fala de coisas prazerosas: "Sair mais, viajar, curtir mais esse lado da vida, poder ir a mais cinemas, mais teatros, ter mais dinheiro para a gente mesmo". Mas isso tudo é apenas um sonho que se permite por alguns instantes.

A volta ao trabalho depois de ter filho a coloca entre o desejo de não voltar e a necessidade de fazê-lo. Acho interessante sublinhar esse desejo como algo que parece muito presente no envolvimento da mãe com o bebê e que denota a ativação de um lado feminino de doação e entrega. Essa vontade de permanecer eternamente numa espécie de "estado de graça", numa ligação quase exclusiva à casa e ao bebê, pode ser observada em muitas mulheres no período pós-parto.

Para Gabriela, a necessidade a "empurra" para a retomada do ritmo anterior e carrega consigo a frustração, a preocupação, a dor da

O que as mulheres têm a dizer 79

separação. Nesse momento ela traz à tona um aspecto do trabalho que é bastante interessante. Trata-se das pessoas que habitam esse ambiente de trabalho, mais especificamente as chefias. Conta-nos que a capacidade de compreensão do chefe em torno de uma eventual ausência da mulher no trabalho por motivo relacionado aos filhos é diretamente proporcional à sua convivência conjugal com uma mulher que também trabalhe. O homem cuja companheira não trabalha tem uma dificuldade muito maior de entender e aceitar uma situação assim. Em outras palavras, aquilo que eu vivo em mim abre uma porta para a minha compreensão do outro.

Sinto no contato com Gabriela que ela traz muito o lado pesado da associação trabalho — maternidade. Vê a mulher que trabalha como aquela que tem uma carga dupla: A maternidade é "uma barra" porque traz muita preocupação, requisita demais, exige que esteja "ligada"; o trabalho é uma necessidade e seu produto não é exclusivamente seu.

Geralmente, as mulheres que vivem a maternidade e a profissão dessa forma alimentam um sonho prospectivo de dedicação a si próprias, uma vez que de alguma forma cindem suas vidas em Prazer x Obrigação. Sentem que sua experiência diária liga-se mais ao lado "obrigação", ao "ter que", à imposição das circunstâncias, e postergam o prazer para o futuro — que nem sempre chega.

Gabriela gostaria de se desenvolver no seu trabalho e de voltar a estudar. Para isso **tem que** esperar os filhos crescerem um pouco mais, pois esse é o momento de eles estudarem e os recursos estão concentrados neles.

De modo geral, o tom negativo ou de insatisfação que a entrevista de Gabriela vai nos revelando parece ligar-se à forma restritiva com que enfoca suas vivências. Sente a educação que teve como rígida e controladora e usa o casamento, associado ao trabalho, como saída em direção a uma maior liberdade. Pouco usufrui desta conquista, uma vez que sua realidade lhe dita um compartilhar que novamente lhe sugere restrição. A maternidade acaba por destruir o "mito maravilhoso" de união e gozo e traz consigo mais dificuldades e vivências "duras"; um contato áspero com a realidade que em sonho parecia tão suave. Posterga para o final do período escolar dos filhos o seu projeto pessoal, a sua própria aprendizagem, adiada em favor daqueles.

Gabriela parece encarnar em si a figura da "mulher-dupla jornada de trabalho". Aceita esta condição, não sem reclamar da carga que ela implica. Não há no seu relato nenhum vislumbre de que a sua vida pudesse tomar um curso diferente. Somente quando "sonha" ou se põe a imaginar uma situação hipotética é que vê esta carga aliviada. Mas o padrão de consciência a que responde é apenas um, todo tempo: dita que à mulher cabe a função de mãe e dos cuidados do lar, e se ela quiser se aventurar no território masculino do trabalho que o faça sem abrir mão da sua função primeira. Gabriela encontra-se amarrada a este padrão e ilusoriamente chega a pensar que o dinheiro lhe comprará a liberdade: "Se tivesse o meu dinheiro só para mim ...''. Há aqui um desejo de independência, mas às custas do outro, ou sob a dependência do outro. Gostaria que o marido ganhasse mais para que ela tivesse o seu dinheiro só para si. O marido como pai benevolente.

Se na aparência encontramos uma mulher emancipada, que é mãe e trabalha, que divide as despesas de orçamento com o marido para manter um padrão de vida que ambos julgam bom para a família que constituem, não é isso que constatamos ao nos aproximarmos um pouco mais. Parece existir escondida, sob as vestes da emancipação, uma mulher desejosa de manter somente as vantagens das duas situações: quer a mobilidade conquistada com a saída ao trabalho, o livre trânsito entre lar e vida profissional, mas também quer a situação protegida do modelo antigo de relação, onde o homem arca com as despesas e o dinheiro da mulher fica para os "alfinetes", para os prazeres. Essa postura denuncia uma falsa igualdade de condições. No caso de Gabriela, ela se diz obrigada a comparecer com o fruto do seu trabalho integralmente no orçamento da casa. Mas o desejo que subjaz é outro ...

Observamos ainda que existe uma falta de flexibilidade. A transposição do padrão que experimenta no trabalho para as relações

O que as mulheres têm a dizer 81

caracteriza-se pela obrigação. Não há a percepção de outras formas de atuação, de envolvimento, que incluam o prazer. A decisão de ter filhos é um tanto racional, e quando concretizada é sentida como uma invasão do espaço mais íntimo, quase como a perda da própria vida.

Do ponto de vista pessoal, resta-me a impressão de que Gabriela foi respondendo a esse padrão de que falávamos sem se dar conta da sua capacidade de escolha e de reverter esse processo num sentido de dar maior atendimento às suas necessidades. Agora aguarda o momento que acredita será possível pôr em prática o seu projeto pessoal. Também aí coloca-se dependente do processo alheio. Quando "sonha" com a loteria ou com um marido rico, deixa de levar em conta a realidade que já tem e perde a possibilidade concreta de transformação de sua vida. Coloca-se sem perspectiva, num conformismo do tipo "é duro, mas paciência ...". Assim não revê expectativas, não direciona o seu esforço para a mudança do padrão que vive — talvez nem mesmo se dê conta que responde a um padrão — e permanece na ilusão de que "um dia" poderá viver a sua própria vida. Sonha com a possibilidade de incluir o prazer no seu cotidiano, uma vez que ele se encontra excluído. Experimenta trabalho e filhos como obrigação e carga.

Acredito que a ausência de Eros, de uma ligação significativa com um e outro, parece ser o fator principal para uma insatisfação constante. Parece viver o estereótipo apenas, onde o traço marcante é o distanciamento entre o mundo interno do sentir e o mundo do intelecto, em que se pensa o que se quer. Não se pergunta: "Como aproveitar estas situações como oportunidades de crescimento e de satisfação, para uma vida com sentido?". Essas observações não dizem respeito apenas a Gabriela, mas a todas(os) nós, filhas(os) do patriarcado, que duvidamos dos fatos subjetivos e de tudo aquilo que não se faz visível, palpável e objetivo.

Finalmente, outras questões vão sendo suscitadas: "O quanto as pessoas agüentam viver o conflito? Trabalhar e ter filhos têm dois lados. Como lidamos com esses dois pólos dentro de cada uma das situações? Como estar, na verdade, conectado com um terceiro

82   *Maternidade e Profissão: Oportunidades de Desenvolvimento*

ponto, o do sentido, para suportar e significar o conflito? Questões que precisamos começar a nos fazer, assim como ir atrás das respostas, sem esperar que elas venham até nós.

A mulher precisa urgentemente acreditar naquilo que sente e intui, e não somente naquilo que vê; precisa passar a valorizar pequenas ações que geralmente julga desimportantes e descobrir a preciosidade contida no sutil, no gesto, no que ela muitas vezes considera como menor.

DORA

Dora tem trinta e um anos, está casada há dez e tem dois filhos: um menino de nove anos e uma menina recém-nascida. Trabalha doze horas diárias.

A entrevista de Dora transcorreu num clima bastante agradável. Tendo dado à luz o seu segundo filho há apenas 21 dias, o tema da maternidade esteve muito vivo e presente em todo o seu relato. Em alguns momentos tinha-se a impressão de que Dora aproveitava a oportunidade do contato que ali se dava e se colocava à vontade para responder de uma maneira mais extensa e pessoal.

Numa visão global, o contato com Dora transmitiu a sensação de uma pessoa envolvida com a maternidade e com o seu trabalho de um modo bastante positivo e sobretudo afetivo.

Foi possível ver em Dora uma capacidade de se distanciar do desejo materno, que escolheu para ela uma determinada profissão e parecia já ter traçado para a filha todo um caminho ideal. Dora, no entanto, mostra-se capaz de avaliar o seu próprio desejo dentro de um contexto de realidade e partir para uma busca própria. Esse dado já nos indica que estamos diante de uma pessoa numa condição diferente de Ana e Gabriela.

O **conceito** de maternidade foi vivido por Dora na sua educação como sendo representante de um obstáculo ao desenvolvimento de sua mãe. Sua mãe a deu à luz aos 16 anos e não deu continuidade aos estudos. Por um momento Dora se pergunta porque a mãe parou, dando-nos a sensação de que talvez ela, Dora, não optasse pelo mesmo caminho. Considera que tal interrupção tenha se devido à conjunção de dois fatores: o "ter que" cuidar dos filhos associado a

84 *Maternidade e Profissão: Oportunidades de Desenvolvimento*

um marido conservador que não permitiria que a esposa (sua mãe) investisse nos estudos concomitantemente à maternidade. Assim, Dora vislumbra por um instante a sua postura enquanto diferente da postura da mãe e em seguida a justifica pelas condições externas. Conclui que a mãe não fez o que quis, não se realizou em sua profissão. Dessa forma Dora estabeleceu para si mesma, a princípio, que filhos representavam empecilhos à realização profissional e pessoal. "Eu achava que era uma coisa que impedia, né?, de fazer um montão de coisas."

Para Dora o trabalho representa 60% de tudo que a completa, o que significa dizer que é muito importante. Falando de trabalho, Dora toca numa questão sempre presente e fundamental: o valor que se dá ao trabalho. O exercício profissional valorizado desde a sua educação e encampado e assumido como um valor próprio é sentido como uma expansão, em contraposição ao trabalho doméstico, que é vivido como restritivo, como um desperdício de energia, algo que atrofia. Suas colocações explicitam uma divisão entre o doméstico e o extra-doméstico, digamos assim, que gera polêmicas e discussões em torno da qualificação do que é considerado "trabalho".

Gostaria apenas de sinalizar que a fala de Dora não é só sua, mas representa todo um conjunto de mulheres dentro de uma engrenagem cujo funcionamento reconhecemos na nossa experiência diária. Quem já não viveu aquela famosa cena em que o marido chega em casa no fim do dia e pergunta: "O que você fez hoje, meu bem?" e a mulher conta que fez supermercado, levou e buscou os filhos na escola, contratou uma nova empregada, conferiu os papéis para a declaração do imposto de renda cujo prazo de entrega já está quase vencendo, levou o caçula ao dentista, (ufa!) e ele conclui: "Ah!, então você não fez nada"?! Isso quando nós mesmas, depois de desfiar a lista acima, não nos encarregamos de concluir o mesmo(!): "Não fiz nada ..." ou "Nada de mais".

Mas é interessante notar que, ao contrário do que vimos até aqui em Ana e Gabriela, o produto do trabalho de Dora, além de ser valorizado, entra na relação conjugal como algo a ser compartilhado e lhe permite **ter acesso a muitas coisas**. Há uma diferença sutil no modo

O que as mulheres têm a dizer 85

de conceber o dinheiro que produz. Parece não ter a preocupação em preservá-lo para si própria e para "seus" gastos. O orçamento, as despesas gerais, as responsabilidades são também sentidas como suas. Utiliza o dinheiro como ponte para alcançar o que anseia, usufruindo de uma condição conquistada.

Se a expectativa frente a ter um filho para Dora era algo negativo, ruim, algo que a prenderia, semelhante ao que acreditava ter sido a vivência de sua mãe, a experiência da maternidade, no entanto, chegou-lhe como uma surpresa positiva, bem melhor do que o esperado. Conta que o primeiro filho foi "uma falha" e que decidiram juntos, Dora e o marido, ter o bebê, indicando já aí uma escolha.

Fala da maternidade do primeiro filho como uma descoberta: "Como é que podia 'não ter filho', não querer ter filho?(...) Depois eu vi que não, que mesmo tendo filho eu podia sair, né?, podia estudar; pude, né?, fazer outras coisas que não me prendia de jeito nenhum, né?, o filho. E isso foi muito bom". Dessa forma Dora vive concretamente uma experiência diversa da mãe, e isto parece ter uma importância significativa. Tão significativa que é esse vínculo o que lhe motiva a ter o segundo filho: "Porque eu gostei muito, entendeu?, de ser mãe do Caio". Aponta na maternidade um ganho na sensibilidade pessoal, a esperança e o preenchimento que uma criança traz a uma casa, sem no entanto deixar de levar em consideração a responsabilidade e as dificuldades aí envolvidas. Assim não nega as situações complexas — fala de algumas como a falta de experiência com o seu primeiro filho, a ansiedade, a ausência de ajuda neste período, o isolamento — mas, ao contrário, as encara e mostra mesmo um jeito bem-humorado de lidar com elas.

Descreve a sua relação e a do marido com o filho mais velho como uma relação onde há diálogo, há a tentativa de compreensão da criança e do momento por que passa, e uma busca de simetria no relacionamento ao se tratarem pelo nome. É capaz de viver bem humoradamente situações que envolvem emoções como medo, tristeza, ansiedade, etc. O filho é sentido como alguém que já faz parte de sua vida, de seus planos, alguém que está sempre presente e cuja ausência causa um grande vazio. A sensação de vazio só é possível porque se dá conta do preenchimento que os filhos lhe trouxeram.

Percebe que a comparação hipotética de sua vida com e sem filhos lhe leva a dois estilos totalmente diferentes de vida. Mas a maternidade é algo tão fundamental para Dora que volta a afirmar o ganho que a condição de mãe lhe ofereceu: maior sensibilidade, descoberta que filho não é empecilho para nada, o enriquecimento pessoal a partir da vivência com eles. Dora sintetiza tudo isso quando conclui: "Por isso que eu acho que a maternidade enriquece".

A questão sobre a associação Maternidade-Profissão desencadeia em Dora um movimento de se posicionar frente a cada um destes aspectos e sua ligação com cada um deles, e não dar "de cara" uma solução ou resposta. Sabemos pela sua fala da sua disponibilidade para com os filhos, o que observou na sua permanência em casa na relação com ambos, o seu desejo de acompanhá-los, cada qual em seu momento. A partir disto a questão do trabalho se encaminha, e a sua disponibilidade para esse aspecto que também lhe é tão caro pode se revelar. Não pode dizer *a priori* como encaminhará a adaptação, a resolução final desse encaixe. Esta questão fica secundária e parece que precisa ser vivida primeiramente para depois ser respondida. A solução virá da vivência.

Destaca uma abertura para acompanhar os filhos em seu crescimento, tanto do ponto de vista da possibilidade de dedicação de tempo, de estarem juntos, quanto da atenção às requisições de cada momento do seu desenvolvimento. Ao lado disto, o projeto profissional de Dora também ocupa um importante espaço. Mesmo gestante matriculou-se em um curso de especialização, indicando assim que mantém vivo dentro de si o elo com um projeto digamos mais individualizado, mesmo estando totalmente envolvida com a vivência da maternidade, da doação.

Novamente a escolha pela continuidade na profissionalização tem como critério o vínculo prazeroso: "Eu vou fazer uma especialização numa área que eu estou adorando. Também opta por reduzir sua jornada de trabalho, ficando com o trabalho que gosta mais e que lhe

O que as mulheres têm a dizer 87

proporciona liberdade para fazer o que pensa ser o melhor, o que é sem dúvida uma forma de estar em contato com um lado mais criativo.

Sendo assim, parece que estamos diante de alguém que se mostra envolvido com os dois aspectos enfocados, indicando-nos que a questão central na associação Maternidade-Profissão está antes na **maneira** como a mulher se coloca em relação a elas de modo a usufruir de ambas situações como oportunidades de desenvolvimento.

O que há de novo em Dora é que ela se mostra ligada de uma forma significativa e vibrante à sua vivência de maternidade, assim como à sua experiência profissional. Em ambos Dora se abriu para a experiência após ter que abandonar alguns pré-julgamentos, e tal disponibilidade parece ter sido fator fundamental para que pudesse aprender, retirando da vivência também o prazer. Dora não nos faz um relato de algo paradisíaco. Antes, fala de situações e sentimentos onde podemos perceber vida em suas polaridades.

Talvez pudéssemos afirmar que o aspecto feminino de **relação** está presente em todas as manifestações apontadas: Na maternidade é a relação com a criança que é priorizada e a sua atenção para as características maleáveis e mutantes que esse vínculo vai adquirindo no seu desenvolvimento. A profissão é essencialmente uma profissão relacional. Como tudo, pode ser vivida de um modo mecânico e automatizado ou criativo. Dora nos indica uma vivência mais próxima da segunda maneira, onde salienta a possibilidade de concretizar idéias ou tornar palpável um projeto. Diríamos que é possível perceber em Dora uma atitude mais feminina de colocar-se receptiva aos próprios interesses.

O cruzamento dos temas na profissão é particularmente interessante: Dora trabalha com mulheres que, de uma forma ou de outra, se encontram envolvidas com a maternidade. Isto seguramente enriquece e diversifica a sua capacidade de compreensão e vivência da sua própria condição de mãe, como ela mesma nos diz, ao fazer algumas afirmações sobre sua gravidez. Fala num ganho em termos de

Maternidade e Profissão: Oportunidades de Desenvolvimento

sensibilidade e na capacidade de perceber mais coisas que se passam nas relações, sentindo a maternidade como uma ampliação de horizontes.

Na sua educação há uma ênfase clara para que se encaminhe a uma determinada direção profissional. No entanto faz a **sua** escolha e a reafirma no seu dia-a-dia. O que é sublinhado constantemente é a profissionalização e não a maternidade. Esta é rechaçada a princípio e somente uma abertura verdadeira para esta experiência que se lhe apresentou é que resultará na vibração com que fala da sua própria maternidade.

No relacionamento com o marido parece se posicionar mais como uma mulher numa relação de alteridade do que, como muitas vezes observamos, uma menina frente a um pai — o que caracteriza muito a vivência de algumas mulheres frente à autoridade e imponência do homem. Em Dora tem-se a impressão de algo mais simétrico. Uma "rua de mão dupla".

Dora ganha atualmente duas vezes mais do que o marido e com isso tem assegurado o seu acesso às coisas que deseja ter ou realizar. Pareceu-nos que a relação que estabelece com o dinheiro se dá de forma a incluí-lo no orçamento do casal. Sem que façamos afirmações indevidas, creio legítimo considerarmos que a natureza positiva desta relação foi o que contribuiu em muito para descartar a competição que inúmeras vezes se vê instalada num relacionamento em torno da questão econômica. O que ressalto neste quadro é que diferentemente da mulher que ganha mais que o marido porque passou a atuar como ele, focando-se exclusivamente na sua profissionalização, Dora não abre mão da maternidade ou da vivência cotidiana com essa experiência para que possa se dedicar à sua escolha profissional. Ambas estão acopladas e ocupam espaços significativos em sua vida.

Dora é um exemplo vivo de que não só é possível associar significativamente Maternidade e Profissão, como também é possível obter prazer do trabalho, sem ter que abrir mão da descoberta, do aprendizado e do prazer da maternidade. Como isso é possível? Pelo relato

O que as mulheres têm a dizer

de Dora a resposta que emerge é uma só: o vínculo. Este vínculo com a profissão e com a maternidade indubitavelmente estará refletindo um vínculo mais interior, o vínculo consigo própria enquanto alguém que se constituiu e que se constitui a cada momento. É ele que dá consistência ao seu projeto pessoal. Ao contrário de um discurso de palavras e idéias projetadas há uma pessoa e suas escolhas conscientes se fazendo presentes.

LIA

Lia tem trinta e cinco anos, está casada há doze e tem três filhos: um menino de dez, outro de oito e uma menina de quatro anos. Trabalha em casa e não soube definir quantas horas diárias dedica a essa atividade.

A questão da conciliação entre trabalho e casa surge em Lia como um antagonismo entre as duas situações onde "a casa invade o trabalho e o trabalho invade a casa."

Lia vem de uma família onde o pai é comerciante e a mãe não trabalhava. Foi educada para casar e ter filhos, sendo que o trabalho era considerado como possibilidade de distração quando os filhos crescem. Uma ocupação portanto para o preenchimento do tempo, antes dedicado aos cuidados com os filhos. Trata-se de um padrão extremamente familiar, não é mesmo?

Esse modelo de alguma forma "toca" Lia a ponto de ela se questionar inúmeras vezes se está "sendo uma boa mãe, trabalhando." A forma como responde diz muito do modo como vive essa situação: "Porque de repente você está largando as crianças para fazer coisas tuas".

Lia vive constantemente a incompatibilidade de dedicação às duas atividades ao mesmo tempo. Mas tal vivência não se constitui num conflito tal como o compreendemos — a experiência angustiante da consciência das duas polaridades levando a um movimento de crescimento em direção a um terceiro ponto. Ao longo do encontro a impressão que vai ficando é a de um esforço de adaptação às exigências externas. Sente-se em dívida com os filhos quando se dedica ao trabalho e em dívida com o trabalho quando se dedica aos filhos. Parece haver uma impossibilidade de estar inteira em cada uma das situações. Acaba por não usufruir da relação com os filhos e a culpar-se por se entregar ao trabalho.

As situações se mesclam também em suas respostas. Falando sobre profissão e expectativas iniciais, há uma certa desvalorização do trabalho de meio-período, que inviabiliza que se identifique como "trabalhadora"; e também uma certa idealização de uma clareza a cerca do caminho a seguir. A maternidade intervém no projeto profissional mesmo antes de se tornar concreta: "Quando eu comecei meu primeiro trabalho eu já sabia que eu ia até um certo ponto, depois eu ia ter filhos e aí eu ia parar". E conclui: "Eu coloquei os filhos acima da profissão, né? Sempre foi assim".

Se a prioridade é, como diz, "os filhos", sendo o trabalho uma possibilidade "quando der", não é isso que observamos enquanto atitude quando atentamos ao discurso aí subjacente. Mostra muita dificuldade em responder a questão sobre o significado dos filhos em sua vida, demonstrando assim de alguma forma um não sentir-se à vontade frente ao tema. Também fica claro no decorrer de suas colocações o quanto os filhos representam obrigações a serem cumpridas, ao lado de um trabalho que, este sim, parece lhe proporcionar prazer.

O trabalho para Lia tem um caráter de utilidade. Além disso, a valorização social do trabalho parece impeli-la a participar de algo além dos papéis de dona-de-casa e mãe. O trabalho doméstico e a maternidade não são considerados "trabalho" e sim atividades menores. A mulher que não trabalha é "(...) menor"; "muito lugar comum." Traz em si a discriminação que detecta no âmbito coletivo e parece se nortear bastante pelo referencial externo. Coloca o trabalho atualmente como uma aquisição, uma conquista sua, de tal forma que sem ele perderia sua identidade.

Sente uma ambivalência no posicionamento do marido em relação ao seu trabalho, uma vez que ele incentiva, tendo inclusive dado uma ajuda financeira no início, ao mesmo tempo que se mostra irritado com a interferência do trabalho no ambiente doméstico. O marido

O que as mulheres têm a dizer 93

ocupa o lugar de um ídolo para Lia, um exemplo a ser seguido: "(...)
chega ao ponto de ser assim: eu quero ser como ele". Descreve-nos
um *self made man* que parece despertar em Lia o desejo de também
realizar a sua ascensão por mérito próprio.

Mas a impressão mais forte deixada por Lia ao falar de trabalho é
que ele funciona como ocupação, como preenchimento do vazio
deixado pela ausência dos filhos que estão na escola e que "não são
mais bebezinhos". Enquanto bebês, a sua dedicação era integral a
eles. Uma vez crescidos, sente uma necessidade muito intensa de
fazer algo que considere útil. Útil para si mesma, para não se deparar
com um vazio que poderia, segundo ela própria, levá-la a uma
depressão.

Portanto, o trabalho parece cumprir para Lia uma função de manutenção de um equilíbrio psíquico com as características que já
viemos descrevendo, de tensão entre os pólos da maternidade e da
profissão. Aqui se observa também a repetição do modelo preconi-
zado pelo pai de Lia, onde o trabalho para a mulher só existe como
ocupação quando os filhos crescem. Efetivamente é o que ocorre, na
medida em que o trabalho vai adquirindo importância a partir do
momento em que as crianças vão ficando mais independentes, e vai
surgindo em Lia uma necessidade de preenchimento de um tempo
antes ocupado e agora disponível.

Lia reconhece um desejo em ser mãe desde a infância, mas parece
se dar conta de sua idealização em redor desta condição no momento
em que a maternidade se concretiza. Preocupa-se com acertos e erros
na educação, acredita ter errado muito com seus dois primeiros filhos
e enfatiza a dificuldade em ter e criar filhos.

Lia sente a maternidade como algo difícil. Por que Lia teve filhos?
"Não foi uma coisa muito pensada, entendeu? Se eu pensasse não
teria". Seu marido, segundo seu relato, compartilha da mesma
opinião. Coloca-o como também tendo idealizado uma situação que
gostaria que fosse diferente atualmente: "Quando casou ele falou
que queria cinco filhos. Agora ele quer um, mas tem três".

Se as respostas em relação a trabalho vêm de forma espontânea e abrangente, não é assim que ocorre com as questões relativas à maternidade, onde uma certa ansiedade se faz presente. Relaciona os nascimentos dos filhos com expectativas, ansiedade e perdas: "Eu deixei de viajar, eu deixei de sair mais, eu deixei de ter alguns amigos (...) Não foi mais como antes". Sente que promoveu um fechamento em torno do seu novo núcleo familiar e que esse lhe basta. "(...) Não necessito tanto mais de pessoas de fora se eu tenho tanta coisa aqui dentro prá resolver". As relações, parece, que adquirem assim um caráter prático e um tanto esquemático.

Os filhos interferiram também na relação de Lia com seu pai no sentido de dificultar o contato, antes bem mais freqüente: "Eu era superligada nele, eu estava sempre lá e depois, com as crianças, a coisa foi ... foi ... mudou!". Percebe que aí está envolvida uma passagem de filha para mãe. Outra perda configurada com a chegada dos filhos é a do romantismo no casal. "(...) 90% das brigas são por causa de filhos"; "Aquela coisa de 'romântico', sabe?, de estar junto, são momentos raros agora." Lia se coloca como a pessoa que cuida de todos, inclusive do marido. Desenha-se assim uma relação maternal também com seu companheiro, restando pouco espaço para a relação conjugal no aspecto que ela chama de "romântico". O marido parece ser para Lia mais um filho necessitado de cuidados e requisitando a sua atenção, de preferência exclusiva.

Na participação do casal na organização da casa, assim como na educação dos filhos, os papéis estão fixamente divididos e Lia se sente cobrada pelo marido na realização de suas "obrigações". Queixa-se da ausência de uma eventual flexibilidade desses papéis: "Eu até fico às vezes meio chateada, porque eu acho que os papéis de pai e de mãe ficaram muito distintos na minha casa. Então eu tenho as minhas tarefas, que eu sei quais são, e ele tem as dele. E esses papéis não se invertem quase nunca."

A casa e as crianças parecem se constituir em obrigações a serem cumpridas, para somente então Lia dedicar-se ao seu trabalho. Essa dinâmica é acompanhada de ansiedade, da sensação de peso da dependência da família em relação a ela, da tentativa constante de

O que as mulheres têm a dizer 95

conciliação entre as tarefas de mãe e esposa e o seu trabalho, da crença de que tem que dar conta de tudo. Há um desconforto presente o tempo todo no seu questionamento a respeito do que priorizar. Coloca-se totalmente só no cumprimento dessas tarefas, não vislumbrando qualquer alternativa para o aplacamento dessa angústia, a não ser uma nova tarefa: a de se disciplinar mais, de ser menos confusa nos seus horários. Justifica a ausência de participação do marido neste quadro: "Fernando está fora o dia inteiro. Não posso contar com ele; então as coisas estão na minha mão". Aqui fica claro o quanto a própria Lia se impõe a exigência de sucesso no que chama de "suas obrigações". Desta forma a conciliação de que fala adquire características de uma tentativa de auto-suficiência naquelas tarefas que acredita serem de sua única responsabilidade. Traz como resultado uma grande sensação de culpa e uma crítica aguda através da qual avalia estar fazendo tudo errado.

Os filhos estão colocados no campo das obrigações e da dependência, enquanto o trabalho está no campo do prazer. Quando Lia consegue se organizar para fazer suas obrigações de mãe e esposa-dona-de-casa de forma conciliatória com o seu trabalho não há antagonismo. Este surge, isto sim, quando os dois campos se misturam e Lia sente-se obrigada a abrir mão do seu prazer para ir cumprir uma obrigação a contragosto. No momento em que se depara com os filhos e atualiza a sua dependência em relação a ela é invadida pela culpa.

A dificuldade expressa em comentários como "Ai, que pergunta difícil (...); é tão difícil esta pergunta" frente à questão sobre o significado dos filhos em sua vida parece apontar para um momento da entrevista em que Lia se dá conta de que poucas são as vezes que pára para pensar o quão importante são as crianças na sua vida; e isto a coloca novamente em contato com uma falta, com sua sensação de dívida para com os filhos. Conta como são raros os momentos em que realmente percebe e usufrui o vínculo de afeto com eles, que geralmente permanece esquecido na mecanização das ações do dia-a-dia . De alguma forma esta pergunta a induz a refletir sobre a sua relação. A crítica sempre está presente nas suas indagações de "(...) eu sou uma boa mãe?" ou na sua percepção de que não pára para brincar com as crianças, apesar de saber o quanto isso é importante para elas. Os filhos têm para Lia uma função de dar-lhe continuidade e ajuda no enfrentamento com a própria história, envelhecimento e morte. "Eu acho que eu teria medo de ficar velha se eu não tivesse filhos; (...) eu ficaria sem história."

Tem como projeto pessoal a ampliação de seu capital para trabalhar fora de sua casa, assim como formar um patrimônio. É objetiva quanto às suas necessidades, os passos a seguir, mas declara que não sabe como utilizar o dinheiro que lucraria nos negócios: "(...) Nem sei se é para poder usufruir do dinheiro, viu?, porque eu tenho uma mania de querer guardar muito e juntar e não sei para quê". Isto parece indicar o não usufruto da energia gerada, que podemos também reconhecer nas suas demais relações. Ao lado disso, fala do seu desejo "de ser inteira" em sua casa, traduzindo isto como sendo menos ansiosa e mais capaz de aproveitar das relações com os filhos e marido.

De modo geral Lia se configurou como uma mulher que vive diuturnamente o problema da associação entre maternidade e profissão. Longe de ter esta questão resolvida, o que mais chama a atenção em seu depoimento é a dificuldade em estar inteira em cada uma das duas áreas. Mostra-se intranqüila e dividida, não conseguindo nunca usufruir plenamente da situação em que se encontra. A conciliação portanto não se dá. O que ocorre é uma administração de funções tendo como meta dar conta de tudo. Há um desconforto frente à divisão rígida de papéis e tarefas, mas não vemos em Lia qualquer movimento de pôr em dúvida esta estrutura para alterá-la em seu benefício. Todo o seu esforço está voltado para a organização do seu tempo e disponibilidade, de forma a encaixar o seu trabalho com o mínimo de prejuízo possível à já existente estrutura familiar. A casa, os filhos e o marido ganham assim um cunho de obrigação.

Esta forma de encarar as relações acaba por tornar os vínculos e a vivência cotidiana um tanto mecânicos e "deserotizados". Não parece estar internamente atenta ao que representam essas ligações e ao perceber isto projeta para o futuro a possibilidade de retomada de um contato mais caloroso e espontâneo com a família.

O que as mulheres têm a dizer 97

Podemos ver Lia como uma "filha do pai" no sentido de que ela responde fielmente às regras e leis estabelecidas pelo mundo masculino no que diz respeito às obrigações que se imputa, à divisão rígida de papéis que cumpre, à crítica muitas vezes cruel que faz de suas ações, numa preocupação constante se está certa ou errada, à admiração quase idolatrada de seu companheiro, fazendo dele um modelo.

Ao mesmo tempo tudo isto se dá de uma forma onde Lia parece "presa" no mundo da mãe, queixando-se de confusão e da falta de certa objetividade para discriminar e separar espaços que se invadem e se misturam.

Parece não haver em Lia uma busca em si mesma de uma forma própria de alcançar o que almeja. Na verdade, o que Lia almeja? Parece sempre subjugada ao outro. Mesmo o seu projeto pessoal se traduz em "ganhar dinheiro" sem saber bem para quê, o que é uma resposta bastante empobrecida. Ou, no campo das relações gostaria de ser diferente do que é sem no entanto ter "plantado" um pé na realidade para efetivar essa transformação. Lia coloca pouco de si e mais da idéia que tem de família, da sociedade e seus valores. A partir daí parece buscar tão-somente adaptar-se.

Lia vive as situações de maternidade e profissão enquanto polaridades de forma ansiosa, conflituosa, sofrendo as conseqüências do seu modo de viver esses contextos mais do que encaminhando seu processo de forma consciente.

Mas novamente eu pergunto: Será que Lia está só em sua atitude frente a essas questões? Absolutamente não! Quantas Marias, Helenas, Veras, Josefas, Lurdes, Bias também vivem dessa mesma forma? E nós, que tentamos nos convencer de que somos diferentes e livres destas prisões, em quantos momentos não nos flagramos Lia, ecoando um bordão. Ainda há muito de Lia em cada uma de nós, mulheres de hoje em dia.

NINA

Nina tem trinta e seis anos, é casada há dezesseis e tem dois filhos: dois meninos, um de treze e um de nove anos. Trabalha oito horas diárias.

Nina foi muito objetiva em suas respostas, demonstrando um certo distanciamento ou reserva na forma como se colocava. Momentos de silêncio e respostas curtas e de conteúdo restrito aos dados requisitados foram freqüentes.

Destaca na sua educação o valor dado ao trabalho enquanto um dever: "(...) meus pais tiveram como proposta dar uma formatura para mim e para meu irmão (...) porque todo mundo deve trabalhar, tem que trabalhar." Já a maternidade é encarada como dado, como algo natural que acontecerá com a mulher. Mas a princípio não se configura como um obstáculo ao trabalho. Nina tem o modelo da mãe como parâmetro: uma professora, hoje aposentada, que sempre trabalhou.

As expectativas em relação ao trabalho se voltavam para a independência financeira: "Não depender do homem financeiramente". Nina lembra que tal independência era algo valorizado também em sua época de estudante. Ao lado disso tinha "uma fantasia (...) de fazer trabalhos que modificassem as coisas, contribuir para a transformação do mundo".

A motivação principal para o trabalho é a questão financeira, mas ressalta também o prazer no que faz. Considera o trabalho bastante importante em sua vida na medida em que consegue colocar em prática algumas coisas que pensa. "Você procura se realizar em uma parte do teu sonho, teus ideais, e colocar em prática."

Acha difícil imaginar-se não trabalhando. Poderia até preencher o tempo com coisas que gosta mas não teria onde pôr em prática o conhecimento adquirido. Parece assim colocar-se voltada a um sentido do trabalho para si, que é diferente do preenchimento de tempo, da ocupação, ou da tarefa a ser realizada simplesmente. Parece priorizar a possibilidade de concretizar uma idéia e isto ser fonte de prazer. "Mas quando você não tem nada para colocar em prática daquilo que você está conhecendo fica difícil, né?, fica uma coisa meio perdida." Não vê possibilidade de encontrar em casa o que obtém no trabalho fora. A ausência de trabalho a deixaria "muito infeliz". Aponta também a oportunidade de relacionamentos que um trabalho implica e liga isto a uma evolução como pessoa.

A maternidade é vista por Nina como conseqüência natural do casamento. Sempre teve vontade de ter filhos. Cita "uma vontade de ter alguma coisa que, que desse continuidade assim na minha vida ..."

Fala na ansiedade em "fazer uma pessoa bem formada" e no projeto de não repetir as mesmas coisas que sua mãe repetiu com ela. Hoje vê que sente uma série de angústias muito parecidas com as que a mãe sentia e que antes lhe pareciam "loucura de minha mãe". Parece relacionar estas angústias a valores passados ou "jogados" aos filhos e "nem sempre essas coisas são captadas pelas crianças da forma como você gostaria".

Nina está falando do movimento no homem e na mulher de ir em busca do novo com a chegada de um filho. A criança é reconhecidamente um símbolo de renovação; contém em si todas as possibilidades. Nina parece ter compreendido essa promessa de mudança na chegada do filho, ao mesmo tempo que pôde viver a humanização desse ideal, ao dar-se conta que as transformações que pretendia não poderiam ser assim tão radicais. Agora ela, também mãe como sua mãe, pode se aproximar de alguns sentimentos que são comuns e semelhantes. As "loucuras de minha mãe" talvez não sejam tão "loucuras" assim, e certamente não são só de "minha mãe".

O que as mulheres têm a dizer 101

A mudança maior apontada quando do nascimento dos filhos foi a dependência da criança em relação aos pais e a necessidade de incluí-la em seus projetos e decisões daquele momento em diante. Parece que a chegada dos filhos teve uma penetração importante em sua existência, orientando-a tanto na busca de uma melhoria de qualidade de vida, bem como na sua revisão das impressões deixadas por sua mãe em sua própria história.

No território doméstico Nina parece não gostar muito de interferências na sua forma de condução. O marido ajuda quando tem disponibilidade de horário; e conclui: "A participação maior dentro da casa acaba sendo da mulher, né?, na condução, na forma, porque você acaba não querendo ter muita interferência nisso aí, entendeu?". Os modos diferentes de participação às vezes geram conflitos pelo fato justamente de serem diferentes. Para Nina "a mulher toma conta da casa, da forma como ela acha".

Coloca-se mais pessoalmente quando comenta a angústia que é deixar o filho pequeno em casa com uma empregada, uma pessoa praticamente desconhecida (Essa é uma vivência tão freqüente!): "É uma fase muito difícil; é muito angustiante esta fase". O "sentimento de culpa" já esteve presente na associação trabalho-maternidade e sente esta questão como "meio complicada porque acho que até hoje a gente ainda não resolveu muito bem isso, né?". Parece que a questão se colocava para Nina da seguinte forma: Como ir trabalhar, por necessidade mas também por prazer, e ter que deixar meus filhos em casa com uma pessoa desconhecida? Isto dá "sentimento de culpa".

A preocupação que os filhos trazem parece resultar de um "medo de errar numa série de coisas". Mas fala também no prazer em acompanhar o desenvolvimento das crianças, como algo "bastante gratificante".

É um tanto genérica ao colocar o que pretende para si mesma como projeto: "continuar trabalhando, fazendo as coisas que eu acho que são importantes para mim, e procurar educar os filhos da melhor maneira possível (...); procurar crescer".

Maternidade e Profissão: Oportunidades de Desenvolvimento

Pouco sabemos o que significa para Nina este crescimento de que fala ou qual é a melhor maneira possível de educar filhos, ou, ainda, como se sentiu ao ter que mudar de trabalho por necessidade financeira com a chegada de um bebê, além de muitas outras coisas.

De modo geral Nina mostrou-se bastante impessoal, dando a impressão de falar de si sem querer entrar mais verticalmente nas questões. A entrevista contou, como já foi dito, com muitos silêncios. A própria Nina ao final pergunta se falou pouco, se deixou de falar coisas, talvez sentindo também a sua participação contida. A falta de vibração, a impessoalidade e o distanciamento foram característicos, muitas vezes expressos em uma linguagem na terceira pessoa e mais marcadamente no contato propriamente dito.

O distanciamento que Nina mantém acaba por causar uma impressão de "adequação". Há uma sensação de equilíbrio de fato, na maneira como ela se coloca, e também de controle. Isto, no entanto, impede-nos de saber ao certo quão genuíno é seu discurso, já que ele nos chega com essa capa formal; se sua expressão é que se faz limitada por características pessoais; se a situação de entrevista entrou como fator limitante. Talvez por trás da frieza e da desconfiança observadas possa haver uma vivacidade que não encontrou meios de vazão.

De qualquer forma Nina vem responder a uma indagação aqui presente, indicando que também é possível viver os dois pólos enfocados sem grandes tensões. Nina fala tanto no trabalho quanto nos filhos quando perguntada sobre o seu projeto pessoal. Parece vislumbrar a possibilidade de se desenvolver no contato com os filhos, ao mesmo tempo que essa preocupação também está presente na profissão. De algum modo é fiel a um "fio condutor" que perpassa a sua formação, buscando sempre um trabalho que preencha algumas exigências próprias e que lhe parecem significativas. Apesar de não sabermos o quão profundamente vive os dois aspectos enfocados — maternidade e profissão —, parece vivê-los de maneira equilibrada.

CAPÍTULO IX

LIGANDO OS PONTOS

Agora que já conhecemos um pouco mais de Ana, Gabriela, Dora, Lia e Nina, gostaria de convidar o leitor a um exercício de olhar todo esse rico material que aí está, não mais individualmente mas em conjunto, tentando observar o que essas cinco mulheres nos revelam, cinco matizes diversos que talvez nos ajudem a formar um quadro mais nítido e completo da mulher que buscamos compreender.

O que primeiramente se tornou explícito foi a incongruência entre o **discurso** das entrevistadas e a sua **atitude** na vida, esta podendo ser depreendida dos exemplos dados, comentários feitos e mesmo no confronto entre respostas que envolviam expectativas e fantasias com aquelas que traziam dados da ação, dos fatos.

É possível ver que para essas mulheres, de modo geral, o trabalho, o exercício de uma atividade remunerada, é algo valorizado e que já está integrado de tal forma em suas vidas que imaginar-se sem ele é muito difícil:

"É difícil imaginar"; "Seria muito chato"; "Ficaria muito infeliz"; "Seria péssimo".

A ausência de trabalho chega a ser vista como algo que deixa a mulher numa condição inferior:

"Eu acho que ela (a mulher que não trabalha) é ... me soa menor."(Lia)

Apesar das mães dessas mulheres na sua maioria não terem trabalhado, nota-se no casal parental uma preocupação em oferecer aos filhos uma formação profissional. Com exceção de Lia, todas elas afirmaram ter-lhes sido passado na educação uma visão do trabalho enquanto possibilidade de independência, possibilidade esta a ser efetivada:

"Para não depender de ninguém"; "Não depender de nenhum homem"; "Ter uma profissão e **ter que trabalhar**".

Em Lia temos uma fala que nos soa antiga por denotar uma atitude mais facilmente identificada nas gerações anteriores à sua, onde o trabalho para a mulher é uma distração, uma ocupação quando os filhos crescem e a mulher deixa de ser tão necessária no exercício do que seria sua "função fundamental".

O que é interessante notar é que apesar do discurso ser antigo, esta atitude é bem mais freqüente do que se acredita. Nas mulheres da geração anterior discurso e atitude eram convergentes. Atualmente, o discurso pretensamente "moderno" diverge da atitude ainda arraigada no padrão conhecido.

Enquanto o trabalho, ou a profissionalização, é sublinhada e focalizada na educação como algo a ser conquistado, a maternidade enquanto tema é trazida a elas como algo dado. Ser mulher necessariamente implicaria em, mais cedo ou mais tarde, ser mãe. O que se viu em quatro das cinco entrevistas analisadas (somente Dora enfrenta essa questão e faz uma escolha consciente) foi a inexistência de um questionamento sobre o significado da maternidade para cada uma. É como se a mulher não se perguntasse se quer ser mãe, se quer sê-lo num determinado momento de sua vida, que implicações isso lhe traz. A simples aceitação desta condição quase obrigatória acaba por contribuir para a sobrecarga que ela constata em seu cotidiano.

Se "acorda" dessa inconsciência, poderá ainda se reposicionar quanto às suas escolhas, mas já tendo consigo uma bagagem que a

Ligando os pontos 105

acompanha. Caso contrário, a sua vida passa, deixando um desconforto e uma angústia cuja origem nem sempre consegue reconhecer.

Parece que a direção que a educação toma, pelo menos nas pessoas aqui enfocadas, aponta para um determinado *locus* onde se encontra um anseio pré-determinado dos pais:

"Não dependa de nenhum homem"; "Exerça esta profissão"; "Seja uma profissional".

Vemos quão pouco espaço existe nessa estrutura para o indivíduo ser ele mesmo, antes de tudo. Sabemos que a incorporação de papéis de uma maneira muito rígida pode levar a um distanciamento de um lado mais próprio, mais pessoal e criativo .

Em Dora, no entanto, vemos a quebra dessa expectativa tanto no que diz respeito ao trabalho, quanto à maternidade. Ao desejo parental de que ela exercesse uma determinada profissão ela responde se rebelando, não ficando muito longe da área pretendida, é certo, mas colocando-se efetivamente disponível a experimentar outras possibilidades até achar aquela que lhe dissesse respeito particularmente. Também na maternidade a luta se deu contra sua própria expectativa negativa e novamente pôs-se em andamento um processo de descoberta.

Nesse sentido, a experiência de Dora nos aponta para o fato de que, apesar dos padrões educacionais nos chegarem repletos de expectativas, fantasias e desejos, o indivíduo carrega dentro de si o gérmen da mudança, da ruptura do posto, da busca em si de algo mais verdadeiro e significativo: o seu próprio caminho.

O que observamos nas respostas de vontade de independência financeira, de não dependência de ninguém, de nenhum homem, etc, é que na verdade a mulher ainda se encontra centrada no outro, geralmente o pai ou o marido. A questão da independência financeira se fez presente, na verdade, em todas as entrevistas e o modo como cada entrevistada se colocou em relação ao binômio "Dependência-Independência" me pareceu um dos aspectos mais reveladores do

106   *Maternidade e Profissão: Oportunidades de Desenvolvimento*

descompasso já pontuado anteriormente entre o que foi falado e o que se pôde depreender além do dito.

Na maioria das entrevistas, as mulheres relatam que o dinheiro ganho com o trabalho faz parte do orçamento doméstico. No entanto, fica claro o seu desejo de que este produto fosse somente seu, para seus gastos exclusivos. O dinheiro fica portanto no âmbito da conquista pessoal. "Pessoal" aqui caracteriza especificamente autocentrismo e exclusividade. Os gastos com filhos, com a casa ou com o marido não são considerados como para si. Parece que gostariam que o destino desse dinheiro que obtiveram com o seu trabalho fosse o da satisfação mais imediata consigo próprias.

Isso equivaleria a dizer que essas mulheres gostariam de que seu dinheiro fosse para "os alfinetes", apesar de talvez nem se darem conta disso. Ou seja, de forma ambígua, aquilo que tanto parecem execrar, uma visão paternalista que desvaloriza o seu esforço, o seu empreendimento, e que deprecia o fruto de seu trabalho, atribuindo-lhe um destino considerado menor (o suprimento de luxos e caprichos), está sendo vivido, pelo menos a nível do imaginário, como uma verdade.

"Então, sei lá, talvez se ele(seu marido) ganhasse um pouco mais, né?, eu poderia ter meu dinheiro só para mim, né? Mas infelizmente não é assim."(Gabriela)

Nesta fala Gabriela deixa claro a questão da sua dependência do marido, parecendo ansiar mais por um pai que cuide dela, que lhe sustente e lhe deixe livre de encargos para que aí possa usufruir completamente do fruto do seu trabalho. E vejam, esta é uma mulher que trabalha oito horas por dia e ganha praticamente a mesma coisa que seu marido. Diríamos, à primeira vista, uma mulher independente. A mulher se porta desta forma, mais como uma adolescente que quer usufruir de todas as situações, sem abrir mão de nada que lhe seja prazeroso.

É justo que se considere também que a experiência da mulher de gerir seu próprio dinheiro pode ser extremamente gratificante e

Ligando os pontos

sentida como exercício de independência. Ter seu trabalho remunerado é ver-se reconhecida. Poder escolher o destino desse dinheiro sem prestar contas a ninguém pode ser uma vivência muito estimulante. Tudo depende de que significado ela atribuirá a tudo isso. Enquanto co-responsável e co-participante do sustento familiar, por exemplo, ela poderia experimentar algo novo e sua maior contribuição estaria, não na reprodução do modelo masculino, mas na descoberta de um modo feminino de participação.

Portanto, aquilo que num primeiro momento pode nos chegar como uma conquista de independência — o trabalhar e ter seu próprio dinheiro — pode ter um aspecto menos visível, que nos força a refletir se esta relação é assim tão direta. Vemos que não. Novamente há que se levar em conta a diferença entre um comportamento e uma atitude. Do ponto de vista do comportamento, esta mulher está mais independente sem dúvida nenhuma. Mas se internamente ela "sonha" em poder ser constantemente cuidada e alimentada, que independência é essa? Está se colocando dependente do outro. É o sucesso profissional do marido ou o patrimônio do pai que supostamente lhe trará satisfação. Uma satisfação um tanto egoicamente centrada.

Podemos pensar, portanto, que a procura da mulher por um trabalho, tal como ele se dá nos moldes da nossa sociedade, se faz de um modo patriarcal. A recuperação de uma dimensão feminina aqui poderia ser vista como a mulher se apossando de sua escolha profissional, e buscando nela o prazer em trabalhar, a possibilidade de ser criativa e de gerar coisas novas. Mesmo que o trabalho se dê por necessidade de sobrevivência, esta dimensão prazerosa e de sentido pode ser conquistada. O trabalho não somente como a aquisição de um novo papel mas, fundamentalmente, como um símbolo de uma nova atitude a ser desenvolvida.

A maternidade inaugura na vida do casal uma situação até então inédita: "Alguém depende de mim". Falas com esse teor foram unânimes nas entrevistas, evidenciando a presença do binômio "Dependência-Independência" também nesta dimensão. Para a mulher a dependência se faz desde a concepção e gestação, bem como na

108 *Maternidade e Profissão: Oportunidades de Desenvolvimento*

amamentação, na dependência emocional, de um modelo, passando também pela financeira. Isto pode ser vivido como um peso, um fardo, ou como um fato a ser encarado na relação.

... "Mas se eu estou aqui (no trabalho) eu estou gostando, estou sentindo prazer no que faço, mas eu também tenho que estar lá (em casa) porque uma série de coisas estão dependendo de mim. Então eu sinto assim um pouco o peso da dependência de mim, entendeu?"(Lia)

... "Mas é uma coisa ótima. Eu acho que assim, apesar de te dar muita responsabilidade, né?, de saber que está tudo difícil, é muito bom criança."(Dora)

Esses dois relatos parecem mostrar dois modos bastante opostos de vivência da maternidade. Em Lia, neste pequeno fragmento de sua fala, vemos o quanto a dependência que se instala na sua relação com seus filhos é algo em foco e que a priva do prazer do trabalho. Pode-se pressentir a tensão gerada por essa situação, os antagonismos criados como "fora de casa - dentro de casa"; "sem crianças - com crianças"; "sensação de independência - peso da dependência". Em Dora encontramos "responsabilidade" ao invés de dependência. Há uma enorme diferença nesta colocação. A começar pela impressão de prazer e contentamento que a maternidade parece lhe trazer. Ser responsável por alguém também significa que esse alguém lhe é dependente. No entanto parece exigir uma consciência daquele que se coloca na posição de responsável. Afinal ele "responde por". Trata-se essencialmente de uma ligação de compromisso.

A vivência da maternidade nos soa, através das respostas, como algo que tolhe a "independência" da mulher. Se por um lado podemos concordar com essa idéia observando que a mobilidade da mulher sem filhos é muito maior, uma vez que ela nos parece livre para ir e vir segundo sua decisão, por outro lado uma questão vai-se formulando e urge ser colocada: Em contrapartida à ausência de filhos, a presença deles deve ser vivida pela mulher como um aprisionamento? A impressão que se tem e que vai se confirmando em algumas respostas é que essa idéia de "naturalidade" com que a maternidade

Ligando os pontos

se infiltra na educação da mulher se traduz em uma inconsciência de um padrão que é atuado.

Em outras palavras, muitas mulheres têm filhos porque "têm-se filhos", porque um casal sempre tem filhos ou porque o casamento implica na constituição de uma família.

"O primeiro veio de contrabando. (...) Este foi planejado (...) mas realmente ter prá ... realmente constituir uma família um pouco maior, sei lá."(Ana)

"A gente sempre pensou em ter dois filhos."(Gabriela)

"Foi ... uma falha."(Dora)

"Eu queria continuar a minha geração."(Lia)

"Sempre tive vontade de ter um filho. Vontade de ter alguma coisa que desse uma continuidade assim na minha vida."(Nina)

Parece que essas mulheres pouco ou nada se questionam sobre a sua real disponibilidade para a maternidade, o momento para que ela ocorra, o espaço emocional para uma criança na vida de um casal, questões básicas para quem pretende ingressar numa das experiências mais abrangentes, tocantes e mobilizadoras do ser humano.

Desta forma, a vivência de ser mãe coloca a mulher com os pés cravados no chão, e tira-lhe a ilusão de que a maternidade é algo paradisíaco e complementar. Como em toda experiência, ela também tem o lado obscuro do sofrimento, da dúvida, da angústia, da dor, da raiva, da culpa. Esta descoberta pode fazer com que a maternidade passe a ser experienciada como um aprisionamento, como uma nova dependência, como algo que limita os movimentos.

Se assim ocorre, esta mulher se coloca impossibilitada de usufruir desta relação em tudo o que ela pode lhe ofertar. Geralmente quando a mulher deseja ser aquilo que ela tem para si como imagem da mãe ideal, ela tende a não permitir que o lado mais sombrio, mais escuro e inconsciente se faça presente na consciência, e este lado surge na forma de atuações — *acting out* — e inadequações.

Além disso, há a fantasia de que o mundo masculino é o mundo livre, da libertação. A mulher vivencia o trabalho como saída para o aprisionamento que sente no lar, incorporando o modelo masculino de um modo mais ou menos automático, e acaba por cair numa outra prisão: a das exigências internas de sucesso e de desempenho exemplar. Assume o trabalho segundo os parâmetros já existentes, marcadamente masculinos. Dessa maneira, o trabalho doméstico, o cuidado no dia-a-dia com os filhos, o trabalho de meio período, não são considerados "trabalho de verdade" pela própria mulher. A disponibilidade que ela tem para encaixar tarefas sempre em número crescente para responder a esta exigência interna de dar conta de tudo perpetua essa estrutura.

Há uma época na vida, geralmente em torno dos 30 aos 40 anos, que ocorre uma "parada" para se refletir sobre todos esses pontos. Mais do que nunca essa reflexão se faz necessária. É preciso que essa mulher acorde para todo esse quadro que ajudou a construir e comece a se colocar questões que não ousou:

Como me posiciono frente à minha vida? Por que não passar a fazer escolhas e opções conscientes para mim mesma?

O combustível para isso é o amor. É o vínculo, a ligação que deve recuperar consigo própria. Reaver a intimidade com seus anseios, com seus projetos. Quantas são as mulheres que nos falam de um adiamento das suas vidas para "quando os filhos crescerem" ou para "quando alcançarem determinado estágio na profissão". Postergam a vivência como se pudessem garantir que tudo sairá conforme seus planos e que portanto sentir-se-ão realizadas com os filhos criados e irão em busca de um trabalho, ou aí então terão tempo disponível para estar na companhia dos filhos. Mas nem sempre, ou raramente, a vida espera estarmos "prontos" para nos oferecer as oportunidades. Deixamos passar a faísca que acenderia o nosso elo com um trabalho e não saberemos mais o que pretendíamos mesmo desenvolver ... Ou nos deparamos com filhos crescidos que não querem

Ligando os pontos 111

mais saber do colo ou da brincadeira de roda, já tendo ido eles próprios buscar seus caminhos . É uma perspectiva desoladora.

Cabe-nos perguntar por que a mulher se posiciona como apenas paciente do processo. Como se lhe faltassem alternativas. Parece que a resposta está na **forma** como vive um padrão de consciência. Entra de roldão e não se percebe de sua própria condição. E portanto não opta.

"Tem muitos projetos meus e do João, principalmente do João, uma pós-graduação fora do país. Mas se não ..., se isso não ocorrer (...) eu vou continuar trabalhando onde eu trabalho."(Ana)

"Às vezes a gente pensa, né? a gente meio que fica sonhando lá (no trabalho): Ah!, meu Deus do céu! Que saco trabalhar. A gente podia estar passeando no Shopping, fazer compras ... Mas não é bem assim, né? A não ser que você ganhe na loteria, case com um homem rico."(Gabriela)

"... Aí eu largo aquilo que está me dando prazer para ir atrás da obrigação. Tem alguém lá dependendo de mim, não tenho para quem apelar (...) aí vem a culpa. (...) Eu não consigo me disciplinar."(Lia)

"Não sei qual foi a motivação (para ter filho). Não sei; é uma coisa assim que sempre foi tida como uma coisa muito natural: casar e ter um filho."(Nina)

Esses são alguns comentários que me pareceram ilustrativos desta posição de espectadora na qual muitas vezes a mulher se coloca.

CAPÍTULO X

E, AFINAL, O QUE É SER MULHER?

Ao se observar os valores e o modo de vida de uma pessoa ou um grupo, temos a possibilidade, muitas vezes, de reconhecer um padrão arquetípico em funcionamento. Se olharmos, por exemplo, a geração de mulheres da década de 30, veremos que, em termos de trabalho e maternidade, ocorre uma aceitação desta última como sendo o destino da mulher, onde a seqüência "namorar-casar-ter filhos" é muito pouco ou nada questionada. O trabalho se dá dentro de casa mas não é considerado como tal. A casa, o lar, os filhos, o âmbito doméstico e seus atributos são território e responsabilidade da mulher, enquanto que o trabalho no que diz respeito ao sustento da família, principalmente, constitui-se um atributo do homem exclusivamente.

O trânsito entre estes dois territórios é quase inexistente. A forma de funcionamento se repete há muitos anos e assim torna-se sólida. E gasta, no entanto. Este desgaste vai se evidenciando principalmente através de sinais de desvitalização e perda da dimensão de prazer naquilo que antes era vivido como vibrante e envolvente, ou mesmo com certa tranqüilidade e moderação.

Hoje em dia nos encontramos em um momento de transição. Os referenciais e os valores antigos já não são satisfatórios e não há modelos para o que sentimos como novo. No que diz respeito à tríade "namorar-casar-ter filhos" acima mencionada, o namoro está transformado e tem-se um novo verbo que se conjuga quando se está a

114 *Maternidade e Profissão: Oportunidades de Desenvolvimento*

dois sem compromisso: "ficar"; o casamento passou por inúmeros questionamentos enquanto instituição e enquanto relacionamento; começaram a surgir com maior freqüência casais que deliberadamente optam por não ter filhos, assim como mulheres que escolhem tê-los de uma forma conhecida como "produção independente", com a presença do homem apenas enquanto pai biológico.

Dentre todas essas variações e muitas outras possíveis, o grupo escolhido para servir de esteio à reflexão é aquele, como já foi dito anteriormente, formado por mulheres casadas e com filhos. Apesar de fazerem parte de uma geração considerada moderna, o que se pôde observar é que elas vivem com "um pé" no modo antigo de vida — também em termos de padrão de consciência — e o outro tateando algo novo. Se fôssemos adentrar nessas outras situações aqui levantadas, provavelmente nos surpreendêssemos com a presença impregnante de atitudes "antigas" em comportamentos aparentemente de vanguarda.

A polarização que ocorreu pela privação da mulher, durante tantos anos impedida de viver inúmeras facetas da vida e manter-se aprisionada a um campo delimitado, acabou por causar um movimento enantiodrômico, onde o pólo abandonado e supostamente esquecido surge com fúria e força. São anos de luta que se seguem para a mulher abrir um espaço na sociedade e no seu mundo interno onde caiba a sua escolha pela maternidade e profissão. Ao que tudo indica, ela saiu-se bem no que diz respeito ao seu propósito de provar para si mesma e para o coletivo que era capaz. Capaz de produzir intelectualmente, de participar, de decidir, de escolher, enfim, de ter ativado todo um lado seu que antes era reconhecido como propriedade particular dos homens.

Mas o que podemos ir constatando hoje, ainda com este processo em andamento, é que talvez o que pareça num primeiro momento um ganho absoluto traz consigo um ônus que poucas vezes é tomado em consideração como algo significativo. Em outras palavras, é claro que a entrada da mulher no mercado de trabalho e toda a sua atividade profissional representam um ganho inestimável. Mas olhando com mais vagar, vemos que há também aquilo que estou chamando de

E, afinal, o que é ser mulher? 115

ônus, que é o acúmulo de tarefas e a sobrecarga de funções que isso implica. Assim, vemos mulheres que trabalham o dia todo e, chegando em casa, dão início ao "segundo turno" no trabalho doméstico.

Acredito que a própria mulher seja em grande parte responsável por isso. Talvez ela pouco interrompa esse ciclo e nem coloque em questão essa estrutura que ela mesma alimenta. No entanto, somente ela pode reorganizar esse quadro. É ela quem está desconfortável na sua situação atual e a vida nos mostra que, nesse caso, esperar do outro uma mudança é uma ilusão adolescente e inócua.

É preciso que se chame a atenção a uma "pseudo-mudança", e é esta que me interessa particularmente. Hoje é comum encontrar mulheres que se descrevem como mulheres modernas, atuais, liberais, atribuindo esses adjetivos à sua condição de mulheres que trabalham. O que pude observar a partir das entrevistas que realizei foi que na maioria das vezes, por trás desse discurso emancipado, há uma atitude que corresponde ao padrão de consciência antigo do qual a mulher quer tanto ver-se livre. Essa atitude denuncia a incongruência que existe e que geralmente se traduz em tensão nos campos da maternidade e profissão.

Existe por vezes uma certa fixação na idéia de que "maternidade" diz respeito a algo antigo, ultrapassado, enquanto o "trabalhar fora de casa" corresponde a algo novo, moderno. Isto é uma ilusão.

Vamos pensar um pouco sobre como se cunha o valor "produtivo" a cada um desses aspectos. Se considerarmos como "produtivo" algo que está destacado da questão **remuneração**, tanto maternidade quanto trabalho podem ser vividos como produtivos enquanto **fonte de prazer e desenvolvimento**. As mulheres que trabalham buscando realização pessoal podem sentir como produtiva a maternidade porque aí está envolvida a questão do Eros e a ligação com o próprio desenvolvimento, dando condições psíquicas de a mulher valorizar tanto o trabalho, quanto a maternidade. Do mesmo modo, a realização de um projeto profissional e a busca de sucesso, reconhecimento,

116   *Maternidade e Profissão: Oportunidades de Desenvolvimento*

eficiência — de características ditas "masculinas" — também podem estar a serviço de uma vivência mais (ou menos) vinculada.

Há uma cisão no âmbito social, onde muitas vezes coloca-se de um lado desenvolvimento pessoal e do outro projeto profissional, com uma presumida valorização deste último. Quando isso ocorre pode-se entender por desenvolvimento pessoal algo mais próximo a uma satisfação pessoal a nível egóico. Propomo-nos a pensar que, antes, o desenvolvimento pessoal diz respeito a um crescimento no próprio processo e é algo a ser buscado em todas as situações e ações de vida, sejam elas a maternidade, a profissão, ou o projeto profissional.

Finalmente, voltando à questão do "trabalhar fora", devemos considerar que esta situação pode ter significações diferentes, dependendo do foco que a mulher coloca sobre esse aspecto.

Para que possamos penetrar nesta questão de forma consistente é preciso que saiamos do plano comportamental, factual dos eventos, e nos aprofundemos numa dimensão mais ligada aos verdadeiros anseios e motivações. Ser mãe não faz da mulher um indivíduo mais feminino, assim como trabalhar ou exercer uma profissão não a transforma por si só em uma mulher emancipada, ou, ainda, trabalhar e ser mãe concomitantemente não dá à mulher o direito de declarar a quem quer que seja que ela está "conciliando" trabalho e maternidade.

O que deve ser focado para que se tenha uma maior clareza dessas questões é a ligação, o envolvimento, o vínculo que a mulher estabelece tanto com o trabalho quanto com a maternidade. A natureza desse envolvimento dirá muito mais a respeito do quanto a mulher caminhou em termos de evolução pessoal do que poderia nos informar o número de atividades que ela realiza e que se poderia julgar, à primeira vista, serem os indicadores de tal desenvolvimento. E, à medida que ela evolui pessoalmente, ela também interfere no desenho do coletivo.

Tomar consciência de tudo o que viemos apontando é sem dúvida o primeiro e urgente passo necessário. Mas esta consciência não é

E, afinal, o que é ser mulher?   117

mero saber, simples entender e pronto. Há que ser a entrada em contato, com um conseqüente impacto, interno significativo. É um dar-se conta de algo que rompe com o conhecido. É defrontar-se com a própria sombra e dizer a si mesma: Eu não sou a mulher emancipada que eu julgava ser; não sou como meu marido; não sou como meu pai; não sou a mãe que acreditei ideal; não dou conta da sobrecarga que me impus; nem sei por que me atribuí tantas tarefas; não estou feliz com o que sou. Afinal, quem sou eu?

Eis aí a alternativa. Essa é a entrada no feminino. A mulher tem o privilégio de conhecer o território masculino em muitos aspectos, saber como funciona e o que dele esperar. Talvez seja chegado o momento de aventurar-se no campo feminino. Isto pode se dar a partir dessa busca de reatamento com seu mundo interno. A palavra chave aqui é **relação**. Não para ser falada mas para ser vivida. Os padrões sociais, os padrões externos que lhe orientam em muitas situações poderão lhe ser úteis nesta jornada. Mas, sobretudo, terá que dar ouvidos a sinalizações internas, levar em conta sensações, intuições, sentimentos, impressões e idéias e dar-lhes cunho de validez. Há que acreditar nas indicações e sobretudo segui-las.

A tão buscada conciliação entre profissão e maternidade só é possível portanto a partir de um trabalho interno de conciliação consigo próprio. Isto significa que se deve ter em foco a relação que se tem com cada uma dessas situações, o significado delas em sua vida e as possibilidades que elas oferecem para que delas se usufrua ao máximo. Assim, profissão e maternidade são dois aspectos relevantes da experiência humana que podem oferecer inúmeras oportunidades. E a mulher enfocada aqui pode e deve tomar essas oportunidades nas mãos, torná-las conscientes e efetivá-las enquanto escolhas.

Se voltarmos às questões iniciais que esta investigação enunciou, veremos que há muitas formas possíveis de associação entre maternidade e vida profissional para a mulher contemporânea aqui enfocada. Ela pode viver estes dois aspectos enquanto funções a serem cumpridas com eficácia e adequação, pode se dedicar mais ao trabalho e atribuir os cuidados dos filhos a instituições especializadas

118 *Maternidade e Profissão: Oportunidades de Desenvolvimento*

— hoje em dia em número cada vez maior —, pode viver o lado profissional mais como uma obrigação e meio de sobrevivência e retirar prazer da relação com os filhos, pode sentir-se oprimida frente às duas condições, ou, ainda, pode usufruir delas de modo a sentir-se participando de um processo de crescimento.

Cada forma de lidar com as polaridades maternidade-profissão indicou a possibilidade de cada mulher lidar com o próprio feminino e masculino dentro dela e nas relações.

Vimos mulheres mais presas à dinâmica masculina, exigindo de si mesmas um desempenho exemplar frente à vida e atuando de uma forma que evidenciava estarem sendo movidas por aqueles requisitos que enumeramos como qualidades masculinas, tais como iniciativa, ênfase na realização, na produção, no intelectual, no ativo.

Foi possível, no entanto, evidenciar um contato maior da entrevista-da C. com as polaridades feminina e masculina, principalmente no que diz respeito ao seu envolvimento pessoal com os vários aspectos de sua vida, juntamente com uma capacidade de discernimento e objetividade. Vimos que o contato com o feminino conjugado com o masculino ali abriu espaço para o que WHITMONT chama de "força vinculadora", ou "a disponibilidade e a capacidade para perceber e apreciar o outro tal como é".[49] Implica na percepção consciente da própria identidade para o estabelecimento de um relacionamento verdadeiro. Relacionamento com o outro interno e externo.

No entanto, na maioria das colocações, o que foi observado mais marcantemente foi o predomínio do padrão patriarcal de consciên-cia, ou ainda do padrão de alteridade cindido, como já havíamos pontuado.

Apesar de constatarmos um desenvolvimento da mulher quando ela lida com a maternidade e trabalho de forma a conciliá-los de um

---

49 WHITMONT, E., op. cit., p. 150.

E, afinal, o que é ser mulher? 119

modo vinculado e envolvido, não é possível afirmar que foi esta associação que a levou a desenvolver-se, assim como não seria fidedigno deduzir que o seu próprio avanço em seu processo evolutivo levou-a a conciliar esses dois aspectos. O que se pode abstrair do que vimos é que esses eventos ocorrem concomitantemente fazendo-nos supor que as pessoas que conseguiram caminhar mais no seu próprio processo e contando com um nível de consciência mais dilatado provavelmente têm mais recursos para lidar de uma forma mais proveitosa com esta associação, maternidade-profissão, e com todos os conflitos dela decorrentes.

Na verdade, o que podemos afirmar, sim, é que o que pode levar a mulher (o homem) a um crescimento é justamente a possibilidade de ela (ele) encarar simbolicamente os vários aspectos da sua realidade. Assim, todas as situações podem ser tomadas enquanto símbolos e experimentadas como desenvolvimento.

A maternidade e a profissão são dois aspectos de importância bastante marcante, que se traduzem, mais do que em possibilidades, em **oportunidades** que estão à mão para seu usufruto. Isto nos faz pensar também que a mulher não precisa esperar um momento encantado ou especial para trabalhar no seu processo. O dia-a-dia concreto lhe oferece a matéria-prima para esta tarefa alquímica de transformação.

Acredito que quanto mais trouxermos à luz aspectos da vivência do feminino conjugado com o masculino nos nossos dias, mais poderemos contribuir para uma crescente tomada de consciência e conquista de um novo estágio de relacionamento, que só vêm enriquecer homens e mulheres na sua busca permanente de sentido.

CAPÍTULO XI

E, ENTÃO, O QUE FAZER?

Quem não se lembra da cena final de *Thelma e Louise*? As duas mulheres dentro de um carro, atrás o seu passado e toda a polícia, e à sua frente um grande abismo.

O que mais me chamou atenção nesta cena, que carrego comigo desde então, é o que ela representa enquanto símbolo: um caminho sem volta. Simbolicamente podemos compreender que Thelma e Louise não poderiam mais retornar às suas antigas vidas, a seus antigos hábitos, às suas antigas relações. Uma transformação profunda era necessária; uma morte do que ficou para trás e um lançar-se a um novo espaço.

O paralelo dessa imagem com a mulher atual me parece claro. Daqui em diante ela terá sempre que lidar com a questão do trabalho associado à maternidade, e tudo o que isso implica em termos de relacionamentos. É praticamente inevitável. Mesmo que escolha viver somente um dos pólos, o outro estará ali, silenciosamente presente.

A minha proposta, portanto, é que comecemos a nos dar conta da grande responsabilidade que é remar contra a maré da cultura. Uma cultura que não é algo externo a nós, mas está, ao contrário, imbricada em nós. Talvez o maior desafio da mulher atual seja justamente ela entrar em contato consigo mesma e conseguir romper as amarras internas que a mantém presa e acomodada a uma posição antiga, que não condiz mais ao seu momento.

É fundamental que se tenha consciência que não sabemos ainda o que é "ser mulher" — não há uma resposta única e final! — e que esse saber virá da vivência envolvente com os mais diversos aspectos da vida, muitas vezes em detalhes que consideramos menores ou insignificantes. É preciso lutar contra a "naturalização" que se dá no contexto da cultura patriarcal, e que se traduz em inconsciência e conseqüente vulnerabilidade ao abuso do poder.

O que significa resgatar o feminino e trazê-lo para o trabalho, para a maternidade, para a relação conjugal? É um movimento que é ao mesmo de descida à própria intimidade, e de observação e interferência nos aspectos mais cotidianos do mundo externo. Por que o trabalho de meio período é visto como menor? Por que a própria mulher desvaloriza o trabalho doméstico? E o papel de educadora que desempenha com seus filhos, ou o cuidado que despende com as relações? Esses aspectos menos palpáveis da realidade **devem** começar a figurar como critérios efetivos de avaliação.

Qualidades que são consideradas ideais às mães, como paciência, dedicação, capacidade de doação, empatia, essas mesmas qualidades são consideradas incapacidades quando transpostas ao mundo das profissões. Vive-se assim uma cisão para a qual a mulher deve acordar, para que possa se posicionar e colocar-se mais consciente e atenta.

Portanto, ao vivenciar as experiências do trabalho e da maternidade, cabe a ela perguntar-se "O que é ser mulher". Identificar o seu lado feminino e lutar para não estar sujeita a um modelo pronto a que todos estão habituados e sobre o qual pouco ou nada se reflete. Cada qual irá processar esses dados em sua vida na medida de sua possibilidade.

Acredito que não tenhamos pela frente, como perspectiva, um abismo, como Thelma e Louise, mas talvez precisemos realmente fazer morrer algumas crenças, abrir mão de pretensos poderes, para

E, então, o que fazer?

nos lançarmos a uma nova vida, onde não passemos nosso tempo administrando relações e agendando compromissos, mas sim onde possamos respirar fundo a cada dia e repetir para nós mesmos que, apesar de todos os conflitos, dificuldades e problemas, somos mulheres (somos homens) e estamos de bem com a vida.

BIBLIOGRAFIA

BARDWICK, J. M. *Mulher, sociedade, transição: como o feminismo, a liberação sexual e a procura da auto-realização alteraram as nossas vidas*, São Paulo: Difel, 1979.

BATISTA, S. M. *Maternidade e exercício profissional*, Rio de Janeiro: Arquivos Brasileiros de Psicologia, Vol.36, nº 1, pp. 45-58, Jan/Mar 1984.

BAPTISTA, S. M. S. *Maternidade e profissão: oportunidades de desenvolvimento*, Dissertação de Mestrado em Psicologia Clínica, São Paulo: PUC-SP, 1994.

BEAUVOIR, S. *O segundo sexo*, vol. 1. São Paulo: Nova Fronteira, 1980.

BLAY, E. A. "Trabalho Industrial x Trabalho Doméstico - A Ideologia do Trabalho Feminino", *Cadernos de Pesquisa*, São Paulo: Fundação Carlos Chagas, nº 15, 8-17, 1975.

BOLEN, J. S. *As deusas e a mulher - nova psicologia das mulheres*, São Paulo: Paulinas, 1990.

BRANDÃO, J. S. *Mitologia Grega*, vol. 1. Petrópolis: Vozes, 1986.

BRUSCHINI, M. C. *Tendências da força de trabalho feminina brasileira nos anos 70 e 80: algumas comparações regionais*, São Paulo: Fundação Carlos Chagas/DPE, 1989.

BRUSCHINI, M. C. ROSEMBERG, F., "A mulher e o trabalho". In: *Trabalhadoras do Brasil*, São Paulo: Brasiliense, 9-22, 1982.

BYINGTON, C. "O desenvolvimento simbólico da personalidade", São Paulo: *Junguiana*, vol.1, 8-63, 1983. "Uma teoria simbólica da história. O mito cristão como principal símbolo estruturante do padrão de alteridade na cultura ocidental", São Paulo: *Junguiana*, vol.1, 120-177, 1983.

126 *Maternidade e Profissão: Oportunidades de Desenvolvimento*

"A identidade pós-patriarcal do homem e da mulher e a estruturação quaternária do padrão de alteridade da consciência pelos arquétipos da Anima e do Animus", São Paulo: *Junguiana*, vol.4, 5-69, 1986.

CAPRA, F. *O ponto de mutação: A ciência, a sociedade e a cultura emergente*, São Paulo: Cultrix, 1982.

CHEVALIER, J., GHERBRANT, A. *Dicionário de símbolos*, Rio de Janeiro: José Olympio Editora, 1989.

CORBETT, N. Q. *A prostituta sagrada*, São Paulo: Edições Paulinas, 1990.

EDINGER, E. *Ego e arquétipo*, São Paulo: Cultrix, 1972. A *criação da consciência*, São Paulo: Cultrix, 1984.

FREUD, S. "A feminidade", *obras completas*, vol.XVII, 1932, Rio de Janeiro: Editora Delta S. A.

FURLANI, L. M. T. *Fruto proibido - Um olhar sobre a mulher*, São Paulo: Pioneira, 1992.

GALLBACH, M. R. *O arquétipo materno na gravidez*, Dissertação de Mestrado em Psicologia, São Paulo: USP, 1990.

GUIDI, M. L. M., DUARTE, S. G. "Um esquema de caracterização sócio- econômica", In: *Revista brasileira de estudos pedagógicos*, Rio de Janeiro: MEC/INEP, vol.52, nº 115, Jul/Set - 1969.

HARDING, M. E. *The way of all women*, Nova York: Harper Colophon Books, 1970.

HILLMAN, J. *O mito da análise*, Rio de Janeiro: Paz e Terra, 1984.

HOFFMAN, L. W. NYE, F. I. *La madre que trabaja*, Buenos Aires: Marymar, 1976.

JACOBI, J. *C. G. Jung: Psychological reflections - A new anthology of his writings*, Nova York: Princeton University Press, 1978.
Complexo, arquétipo, símbolo na psicologia de C. G. Jung, São Paulo: Cultrix, 1990.

Bibliografia

JUNG, C. G. *A natureza da psique*, Petrópolis: Vozes, 1986.
Ab-reação, análise dos sonhos, transferência, Petrópolis: Vozes, 1987.
Aion - Estudos sobre o simbolismo do si-mesmo, Petrópolis: Vozes, 1990.
"La mujer en europa", 1932, In: *Realidad del alma*, Buenos Aires: Losada, 1940.
"Los arquétipos y el concepto de Anima", 1938. In: *Arquétipos e inconsciente colectivo*, Buenos Aires: Editorial Paidós, 1974.
Memórias, sonhos, reflexões, Rio de Janeiro: Nova Fronteira, 1975.
Mysterium coniunctions, Petrópolis: Vozes, 1988.
O eu e o inconsciente, Petrópolis: Vozes, 1982.
O homem à descoberta de sua alma, Porto: Livraria Tavares Martins, 1975.
O segredo da flor de ouro - Um livro de vida chinês, Petrópolis: Vozes, 1984.
Psychological commentary on kundaliniyoga, Lectures One and Two. Spring, 1975.
Símbolos de transformación, Buenos Aires: Paidós, 1982.
The visions seminars, Spring, 1960 In: Curso de terapia psicomotora, Sedes Sapientiae, São Paulo, 1982.
Tipos psicológicos, Rio de Janeiro: Guanabara, 1987.

KOLTUV, B. B. *A tecelã*, São Paulo: Cultrix, 1990.

LEITE, M. L. M. "Maria Lacerda de Moura - Imagem e Reflexo", In: *Mulher, mulheres*, Rio de Janeiro: Nova Fronteira, 35-53, 1982.

MACEDO, R. M. S. "A Mulher na família", In: *Cadernos puc*, São Paulo, vol.15, 102-117, 1982.

MASSI, M. *Reflexões sobre algumas vivências e representações no cotidiano de mulheres dos estratos médios da cidade de São Paulo*, Dissertação de Mestrado em Psicologia, São Paulo: USP, 1991.

Mc GUIRE, W., HULL, R. F. C. *C. G. Jung: Entrevistas e encontros*, São Paulo: Cultrix, 1977.

MILLER, J. B. *Toward a new psychology of women*, Great Britain: Penguin Books, 1976.

MIRANDA, G. V. "A educação da mulher brasileira e sua participação nas atividades econômicas, em 1970", In: *Revista de estudos e pesquisas em educação - cadernos de pesquisa*, São Paulo: Fundação Carlos Chagas, n° 15, 21-36, 1975.

NEUMANN, E. *The great mother - An analysis of the archetype*, Nova York: Bollingen, 1955.

OCAMPO MORÉ, C. O. *A mulher entre a tradição e a mudança: Um estudo exploratório da identidade feminina*, Dissertação de Mestrado em Psicologia, São Paulo: PUC, 1992.

OLIVEIRA, R. D. de *Elogio da diferença - O feminino emergente*, São Paulo : Brasiliense, 1991.

PASCHOA, V. L. F. *Sete imagens da alma feminina*, Dissertação de Mestrado em Psicologia, São Paulo: PUC, 1990.

PENNA, L. C. *Corpo sofrido e mal- amado - As experiências da mulher com o próprio corpo*, São Paulo: Summus, 1989.
Dance e recrie o mundo - A força criativa do ventre, São Paulo: Summus, 1993.

PERERA, S. B. *Caminho para iniciação feminina*, São Paulo: Edições Paulinas, 1985.

PERROT, M. "Práticas da memória feminina". In: *A mulher no espaço público*, Revista Brasileira de História, São Paulo: ANPUH/Marco Zero, vol. 9, n° 18, 9-18, 1989.

PESSOA, F. "Eros e psiquê", 1934. In: *Obra poética*, Rio de Janeiro: Editora Nova Aguilar, 1983.

ROWBOTHAM, S. *Woman's consciousness, man's world*, Great Britain: Pelican Books, 1973.

SAFFIOTI, H. I. B. *Do artesanal ao industrial: A exploração da mulher*, São Paulo: Hucitec, 1981.
"Força de trabalho feminina no Brasil: No Interior das

Bibliografia

cifras", In: *perspectivas:Revista de ciências sociais*, São Paulo, vol. 8, 95-141, 1985.

SAPORITI, E. *A mulher como signo de crise*, Dissertação de Mestrado em Comunicação e Semiótica, São Paulo: PUC, 1985.

SARTI, C. "Feminismo no Brasil: Uma trajetória particular". In: *Cadernos da Fundação Carlos Chagas*, São Paulo: Cortez Editora, nº 64, 38-47, 1988.

SETE, M. C. B. *A condição feminina na maternidade*, Dissertação de Mestrado em Psicologia, São Paulo: PUC, 1991.

SOUZA SANTOS, B. "Um discurso sobre as ciências na transição para uma ciência pós-moderna", In: *Estudos avançados*, Rio de Janeiro: Publicação do IEA (Instituto de Estudos Avançados), 1988.

VICALVI, N. *A integração do feminino e do masculino à vivência da mulher: Uma análise de depoimentos de profissionais de nível superior*, Dissertação de Mestrado em Psicologia, São Paulo: PUC, 1987.

VON FRANZ, M. L. *The feminine in fairytales*, Zuerich: Spring Publications, 1976.

WITHMONT, E. *O retorno da deusa*, São Paulo: Summus, 1982.

GLOSSÁRIO[50]

ALTERIDADE

A palavra *Alter* vem do latim e significa "o outro". Este termo é empregado por BYINGTON para designar o padrão de desenvolvimento da consciência que capacita o Ego a relacionar-se plenamente com o outro. É um conceito que tem lugar dentro da Psicologia Simbólica na qual se leva em conta, além da relação entre o arquétipo e o símbolo estudado, também qual o padrão de consciência no qual o símbolo está desempenhando sua função. O padrão de Alteridade é um estágio evolutivo post-patriarcal da consciência, cuja principal característica é a capacidade criativa face ao confronto de opostos.

ANIMA e ANIMUS

São a personificação da natureza feminina inconsciente no homem e da natureza masculina inconsciente da mulher, respectivamente. A função natural da Anima, assim como do Animus, consiste em estabelecer uma relação entre a consciência individual e o inconsciente coletivo. Assim como o Animus, a Anima pode atuar como um complexo autônomo, e sua autonomia e falta de desenvolvimento retém o pleno desabrochar da personalidade. Se conscientizados, no entanto, servem de ponte ao inconsciente. Em sua forma inconsciente o Animus engendra na vida emocional da mulher opiniões espontâneas e involuntárias. A Anima, por sua vez, irá engendrar sentimentos espontâneos que influirão no entendimento do homem. A identificação da mulher com o Animus, portanto, pode torná-la rígida e inflexível em suas opiniões e fazê-la envolver-se em discussões freqüentes. A identificação do homem com a Anima pode

---

50 Este Glossário foi confeccionado a partir de definições e citações retiradas da obra de JUNG, e aqui parafraseadas. A única exceção é o termo Alteridade, de autoria de BYINGTON.

132   *Maternidade e Profissão: Oportunidades de Desenvolvimento*

manifestar-se na variação freqüente de humor, na efeminação e na hiper-sensibilidade.

ARQUÉTIPO

Arquétipos são formas típicas da apreensão. Em si mesmos são vazios. Não têm um conteúdo determinado. São possibilidades dadas *a priori* das formas de representação. Não se herdam as representações e sim as formas. Chamam-se representações arquetípicas as imagens que se encontram em fantasias, sonhos, idéias delirantes e ilusões de indivíduos que vivem atualmente e que encerram temas sempre encontrados em mitos e contos da literatura universal. A imagem primordial ou arquetípica é sempre coletiva, sempre comum a povos inteiros, ou pelo menos a determinadas épocas. Provavelmente, os motivos mitológicos principais são comuns a todas as raças e a todas as épocas. O arquétipo é uma imagem conectada com a vida individual pela ponte da emoção. Os grandes problemas da vida estão sempre relacionados às imagens primordiais do inconsciente coletivo.

CONIUNCTIO

Significa união, conjugação, em oposição a *Disiunctio* — fragmentação, multiplicidade. Este termo geralmente vem associado à idéia de união dos opostos (*Unio Oppositorum*) e ao chamado *Hierosgamos*, ou casamento sagrado, relacionados ao produto de um processo de transformação psíquica. A *coniunctio* é a meta deste esforço em direção à superação das antinomias. Tal esforço visa essencialmente que o homem não se dissolva na multiplicidade contraditória das possibilidades e tendências que o inconsciente lhe aponta e possa, sim, tornar-se a unidade que abrange toda essa diversidade. Dentro do processo alquímico, a *coniunctio* é apenas uma etapa, onde o caminho para a fusão é expresso pelas núpcias do homem vermelho com a mulher branca, isto é, do Sol com a Lua. Em termos psicológicos a *coniunctio* corresponde ao significado central da transferên-

Glossário 133

cia no processo psicoterapêutico e nas relações humanas de modo geral.

CONSCIÊNCIA

É uma imagem interior do processo objetivo da vida. É um estado que emana de profundezas desconhecidas. O que cria a consciência é o afastamento do homem em relação aos instintos e sua oposição a eles. O instinto é a natureza e a identificação com ele implica em inconsciência e segurança. A possibilidade de ampliação da consciência vem da capacidade de viver problemas, e portanto dúvidas, caminhos divergentes e sacrifício de uma posição natural e segura. O processo de desenvolvimento psíquico diz respeito justamente a essa ampliação, ou integração de conteúdos na consciência. Estes se tornam conscientes na medida em que referem ao Ego. É importante lembrar que antes de se tratar de um conhecimento puramente intelectual, a Consciência diz respeito a uma *scire* — um saber, um ver — acoplada a um *cum* — com, juntamente - o que lhe dá o caráter de experiência do conhecimento relacionado, dual.

EIXO EGO-SELF

Diz respeito à relação que o Ego, enquanto centro da consciência, e o Self, centro da psique total, estabelecem entre si. É a linha imaginária que conecta estes dois centros e representa a ligação vital entre ambos. Pressupõe uma distância entre um Ego diferenciado e o Self.

ENANTIODROMIA

Significa "passar para o lado oposto". É um conceito retirado da Filosofia, que discorre sobre o jogo de contrastes de um acontecimento. Aplicado na Psicologia, este termo indica o movimento que se dá toda vez que se observa na vida consciente a predominância de uma direção unilateral extrema. Este movimento pode ser descrito como pendular, onde a oscilação para um dos lados causa um deslocamento complementar para o lado oposto. Este duplo movimento é inerente à natureza do pêndulo.

EROS e LOGOS

Eros é o princípio feminino cuja função é relacionar, unir. Eros é entrelaçamento, é relacionamento. Caracteriza a consciência feminina através do colocar-se em relação.

Logos é o princípio masculino cuja função é de discriminação, divisão. Logos é o verbo, é conhecimento diferencial, é a clara luz, é desapego. Caracteriza a consciência masculina através do distinguir, do julgar, do reconhecer.

No homem, o Eros, que é a função de relacionamento, via de regra, aparece menos desenvolvido que o Logos. Na mulher, ao contrário, o Eros é a expressão de sua natureza, enquanto o Logos muitas vezes representa um incidente deplorável por se constituir de opiniões irrefletidas.

INDIVIDUAÇÃO

É o termo que designa um processo através do qual a pessoa tende a tornar-se um ser realmente individual e singular, único. É um processo de diferenciação cujo objetivo é o desenvolvimento da personalidade individual. É a constituição do indivíduo enquanto essência diferenciada do coletivo. A individuação implica numa ampliação da esfera da consciência e da vida psicológica consciente. Pode ser compreendida também como um *Mysterium Coniunctionis*

Glossário   135

(mistério de unificação) no qual o Si-Mesmo é percebido como uma união nupcial de duas metades antagônicas e representado como uma totalidade composta.

INCONSCIENTE

É a totalidade de fenômenos psíquicos em que falta a consciência. É a base da consciência de uma natureza criativa, capaz de atos autônomos. É um fator real e autônomo capaz de ação independente. O Inconsciente Pessoal é o receptáculo de conteúdos subliminares, lembranças perdidas e conteúdos que ainda não conseguem se tornar conscientes, bem como conteúdos reprimidos de representações e impressões penosas.

O Inconsciente Coletivo é formado pelos instintos (formas típicas de comportamento, estejam ou não associadas a um motivo consciente) e pelos arquétipos; ou seja, por conteúdos de caráter universal que aparecem regularmente.

PARTICIPAÇÃO MÍSTICA

Trata-se de um estado original de inconsciência e de indiferenciação. Pode ser observado em algumas relações quando o sujeito não consegue diferenciar-se nitidamente do objeto, caracterizando-se assim como um fenômeno remanescente desse estado primordial.

SELF ou SI-MESMO

É o centro ordenador e unificador da psique total (consciente e inconsciente), assim como o Ego é o centro da personalidade consciente, da identidade subjetiva. O Si-Mesmo está para o Eu assim como o Sol está para a Terra, o todo está para a parte. É uma instância que abarca não só a psique consciente , como a inconsciente, sendo portanto uma personalidade que **também** somos. É a personalidade global que existe realmente mas que não pode ser captada em sua totalidade. Nossa imaginação não é capaz de ter uma imagem clara do que somos enquanto Si-Mesmo, uma vez que a parte não pode compreender o todo. É uma grandeza sobreordenada que contém o Ego e é mais do que o Ego.

SÍMBOLO

É a melhor formulação possível de uma coisa desconhecida; a melhor expressão para o que é intuído mas ainda não sabido. Enquanto um símbolo é vivo, ele é a expressão de uma coisa que não tem outra expressão melhor. E ele só é vivo enquanto está prenhe de sentido. Não se pode criar um símbolo a partir da vontade consciente, pois ele só conterá o que nele for posto, constituindo-se assim num signo (expressão para uma coisa conhecida). O símbolo, portanto, não é uma alegoria nem um sinal, mas uma imagem de um conteúdo em sua maior parte transcendental ao consciente. Ele possui o valor de uma parábola: não dissimula, ensina.

ANEXO
ROTEIRO de ENTREVISTA

DADOS PESSOAIS

Idade

Estado civil

Tempo de casada

Número de filhos e suas idades

Religião

Terapia (Já fez, ou faz?)

HISTÓRIA da FAMÍLIA de ORIGEM

Composição familiar

Profissão dos pais

Atividades dos pais

Naturalidade

Idade dos pais

Periodicidade de encontros

Educação recebida em relação a maternidade e a profissão

QUESTÕES

1. Você trabalha atualmente? Há quanto tempo? Quantas horas diárias?

2. Já trabalhou anteriormente?

3. Antes de trabalhar quais eram as suas idéias, as suas expectativas em relação ao trabalho?

4. Como você acha que se deu o confronto e a junção entre as expectativas que tinha com a realidade prática?

5. Por que trabalha, ou, o que te motiva a trabalhar?

6. Que significado você dá ao trabalho na sua vida?

7. Como o seu marido se posiciona em relação ao seu trabalho?

8. Como seria para você não trabalhar?

9. Quantos filhos tem e de que idades?

10. Antes de tê-los tinha alguma expectativa em relação a filhos?

11. Como você acha que se deu o confronto e a junção entre as expectativas que tinha com a realidade prática?

12. O que motivou você a ter filho[(s)]?

13. Como seu marido se posiciona em relação à maternidade?

14. Como se deu a gestação e o nascimento de seu[(s)] filho[(s)]?

15. Houve mudanças (ou estabelecimento) de rotina?

16. Houve mudanças na sua percepção de si mesma?

17. Houve mudanças no casamento?

18. Houve mudanças nas relações familiares e/ou com amigos?

Anexo

19. Como se dá o diálogo e a participação de seu cônjuge em relação a sua casa (economia doméstica, divisão de tarefas, etc.) e ao$^{(s)}$ filho$^{(s)}$?

20. Existe algum tipo de ajuda presente (empregada, avós, babá, parentes)?

21. Que significado você dá ao$^{(s)}$ seu$^{(s)}$ filho$^{(s)}$ em sua vida?

22. Como seria para você não ter filho$^{(s)}$?

23. Depois de ter filho$^{(s)}$ você voltou $^{(ou\ começou)}$ a trabalhar? Por quê? Quantas horas?

24. Existiam fantasias ou expectativas em relação a esta volta (ou início) ao trabalho?

25. Como você associa trabalho e maternidade? O que pensa disso, que sentimentos identifica, qual a sua vivência a esse respeito?

26. Qual o seu projeto pessoal?